Rita Badraoui

GW01459393

Il n'y a pas de hasard, que des rendez-vous

Roman

ISBN: 9781973198024

Limites de responsabilité
L'auteur ne revendique ni ne garantit l'exactitude, le caractère applicable et approprié ou l'exhaustivité du contenu de ce programme. Il décline toute responsabilité, expresse ou implicite, quelle qu'elle soit.

*Il n'y a pas de hasard,
que des rendez-vous*

Jour 1 - Un cadeau imprévu

Lundi 9 h 02

C'est l'été indien à Montréal, et Nina est d'humeur maussade dans son cubicule. Après un week-end à enchaîner les rencontres Tinder, elle est au bord des larmes devant son écran d'ordinateur. Elle, qui était à mille lieues d'utiliser ce genre de procédé pour rencontrer l'« homme de sa vie », s'est laissé convaincre par sa collègue Julie qui avait trouvé l'amour « version 2.0 ».

Surgit dans sa tête l'image de Patrick Juvet à la voix aiguë et en chemise à paillettes entonnant ♫ *Où sont les hooooommes ?* ♫, version revisitée de son grand succès *Où sont les femmes ?* Pendant une fraction de seconde, elle sourit dans sa tête à cette image héritée des soirées disco qu'organisaient ses parents lorsqu'ils habitaient à Lyon. Nina sent toutefois monter en elle une marée de larmes.

La vérité, c'est qu'elle ne digère toujours pas sa rupture avec Paul. Tout semblait s'aligner naturellement vers une union et un premier bébé. Mais après cinq années de vie de couple, il lui a avoué qu'il n'était pas prêt à s'engager. Elle sentait bien pourtant que Paul n'était pas l'homme qu'elle recherchait. À la mi-trentaine, il avait encore des comportements immatures. Elle avait lu une infinité d'articles de psychologie concernant le syndrome de Peter Pan pour tenter de s'expliquer la réaction de Paul et visiblement celle de beaucoup d'hommes. En prime, elle lui en veut de l'avoir déçue, d'avoir trahi ses espoirs tandis que tournait à vive allure son horloge biologique et qu'elle sentait l'échéance se rapprocher. Alors qu'elle se sentait prête à toutes les concessions pour « se caser », la voici de retour à la case départ.

Connard ! rugit intérieurement Nina en cliquant de manière compulsive sur la page Facebook de Paul, qu'elle avait pourtant éjecté de ses contacts.

- Bon matiiiiiin ! lance quelqu'un dans son dos.
- Oh... bon matin, Julie ! répond Nina en essayant de mettre un sourire sur son visage. Alors, tu as passé de belles vacances ?
- Magnifiques ! Mon *chum* rechignait à aller au Portugal, et finalement, il a adoré !
- Super, tellement contente pour vous deux !
- Oups... faut que j'y aille, j'ai une réunion là, là, on se reparle tantôt, dit Julie en s'éloignant à petits pas de course du haut de ses talons.

Nina rendit grâce à Julie qui, sans le savoir, venait de l'extirper des tentacules de ses pensées. Elle avait toutefois réveillé un autre monstre : *Des vacances… J'ai tellement besoin de vacances… me déconnecter, déposer ce masque de faux sourire.*

La voilà qui se met à visiter des sites de voyage. *Cuba ? Sûrement pas, trop de souvenirs avec Paul. Mexique ? Oh my God ! Trop cher. Punta Cana ? Pas grand-chose à visiter, mais je m'en moque, j'ai juste envie de relaxer face à la mer en lisant un bon livre*, se dit-elle prête à tout laisser tomber.

La voix de la raison lui souffle que ce serait une folie, et sa bulle paradisiaque éclate aussitôt. Au comble de la frustration, Nina sent sa gorge se nouer et le flot de larmes revenir. Elle rassemble toutes ses forces pour faire bonne figure jusqu'aux toilettes de l'étage supérieur, où elle ne risque de croiser aucune collègue.

***

11 h 11

De retour devant son écran, Nina met à jour sa boîte de courriels, constatant avec désespoir que la liste de messages non lus se rallonge. Elle soupire en se disant qu'elle n'en peut plus de ce boulot de chargée de projets dans une agence de publicité. Mais voilà qu'elle découvre un courriel au titre intrigant : « Félicitations ! Vous avez gagné un séjour de six jours à *L'Auberge de vie.* »

Ce n'est pas possible, ce doit être un pourriel, se dit Nina, incrédule. Elle cède tout de même à la curiosité et ouvre le courriel indésirable. Elle se souvient de ce sondage sur le bonheur. *Quelle ironie que je gagne à un sondage sur le bonheur alors que je suis en pleine déprime !* se dit-elle.

Ravie de ce cadeau imprévu qui tombe à point nommé, elle tape sur Google « Auberge de vie, Saint-Alexis-des-Monts ». Étrange, Google ne donne aucune référence. Elle trouve, dans l'en-tête, l'adresse et le numéro de téléphone de l'auberge. Soulagée, elle s'empare du téléphone. Une réceptionniste répond (ouf !) et confirme à Nina qu'elle est bien l'heureuse élue. Quand souhaite-t-elle arriver ? Nina n'a pas vérifié avec Stéphane, son patron, mais comme Julie est revenue de vacances, elle se dit qu'elle peut *a priori* prendre une semaine à son tour. Nina s'étonne d'entendre la voix au bout du fil dire :
Demain ? c'est parfait !

Pourtant, elle n'a pas encore ouvert la bouche.

Euh... oui, demain, s'entend-elle prononcer en sentant qu'elle se met à risque.
– Je vous envoie tout de suite le plan d'accès à l'auberge. Bien hâte de vous accueillir, Nina; il était temps...

Elle est vraiment spéciale, cette réceptionniste, pense Nina. Comment pouvait-elle savoir qu'il était temps qu'elle pense un peu à elle ?

« *Oh my God !* Il n'y a pas d'autre moyen que la voiture pour s'y rendre. Il faut prendre l'autoroute en plus ! » s'exclame Nina en ouvrant le plan qu'elle vient déjà de recevoir. La simple idée de prendre l'autoroute seule la terrorise, la ramenant à ce qui s'est passé 25 ans plus tôt.

***

Entre doute et excitation, elle repense aux propos de sa collègue Julie pendant le lunch : « T'as pas le choix, ma fille ! Tu ne vas quand même pas refuser ce séjour parce que tu ne veux pas conduire seule, voyons donc ! Y a une première fois à tout, et là, c'est la bonne ! »

Étonnamment, même Stéphane n'affiche aucune résistance lorsqu'elle lui demande de partir en congé pour une semaine. Dans l'euphorie, Nina liquide toutes ses tâches, informe Julie sur les dossiers en cours, imprime le plan d'accès ainsi que la lettre de confirmation et met sur « ON » son message d'absence du bureau. *C'est parti, mon kiki !* se dit-elle en quittant son bureau pour aller vers des vacances inoubliables… mais ça, elle ne le sait pas encore.

***

Les mains moites collées au volant, le cœur battant, Nina tente de se calmer en se dirigeant vers l'entrée de l'autoroute 40. Elle met la radio pour se détendre un peu et tromper ses pensées. Rien n'y fait : ni la voix de Paul Arcand, ni les pauses publicitaires, ni la chanson *Fruits défendus* de Brigitte Boisjoli, qu'elle aime bien, pourtant. Elle se sent comme prise dans une grosse bulle d'eau trouble. C'est la première fois qu'elle prend l'autoroute seule. C'est la première fois qu'elle conduit seule, tout court. Prendre l'autoroute en plus, elle n'aurait jamais pensé franchir ce pas, surtout après le drame qu'elle a vécu plusieurs années auparavant.

Ressaisis-toi, Nina, tu n'es ni la première ni la dernière à prendre l'autoroute pour la première fois, bon sang ! se dit-elle pour se donner du courage.

Elle se remémore les paroles d'Ivan, son instructeur à l'auto-école : « Respire… attends le bon moment pour entrer, puis accélère, pas d'hésitation à l'entrée d'une autoroute. » Accrochée à son volant, le cou tordu vers la gauche, à l'affût du bon moment, elle avait l'impression que l'attente était interminable.

Enfin, une brèche dans le trafic ! Elle accélère pour s'y engouffrer et rejoint la marée de voitures sur l'autoroute. Entre peur, excitation et fierté, Nina avait du mal à réaliser qu'elle venait de vaincre une de ses pires phobies. Le cœur cognant dans sa poitrine, le sourire aux lèvres, elle sentait qu'elle avait franchi un gros cap. Pour elle, c'était presque aussi intense qu'un plongeon pour quelqu'un qui a peur de l'eau, presque aussi fou que de sauter à l'élastique pour quelqu'un qui a peur du vide.

Elle avait les larmes aux yeux. Braver sa peur était le signe qu'elle venait, en quelque sorte, de surmonter le traumatisme de la tentative de suicide de sa mère au volant.

C'est fini ! Tout ça, c'est du passé ! se dit Nina en essuyant ses larmes.

***

15 h 28, arrivée au village.

Bon, il est où ce plan d'accès ? Nina sort le papier de son sac et le déplie sur son volant pour réaliser que l'auberge est à l'extérieur du village. Tout engourdie et stressée de ses deux heures de conduite sans interruption, elle décide de prendre une pause-café avant de reprendre la route.

Il est vraiment mignon, ce village, en plus ! se dit-elle en voyant une vieille dame sur son patio en train d'arroser ses petites plantes. Elle repère rapidement un café dont la devanture arbore la sculpture d'un muffin et d'une tasse. À peine entrée, au son des clochettes, elle sent ses narines envahies d'un délicieux parfum de cannelle. L'atmosphère chaleureuse et sucrée est enveloppante comme une grosse barbe à papa. Nina a l'impression d'être le petit chaperon rouge entrant dans la chaumière de sa grand-maman qui vient de préparer une bonne tarte aux pommes. Bien qu'il n'y ait que quatre tables, il y avait encore de la place pour s'asseoir, constate Nina, avec joie.

Elle jette un coup d'œil aux deux messieurs aux cheveux blancs qui se disputent en jouant aux cartes. En entendant Nina entrer, l'un d'eux s'interrompt, lui sourit et soulève son béret en guise de salut, puis reprend la partie avec son ami qui continue de contester le dernier tour. Elle lui retourne le sourire et se dirige vers le comptoir où il n'y a personne. De l'arrière-cuisine, une voix féminine crie joyeusement :

— Ça s'ra pas long, j'arrive !

Nina en profite pour contempler l'éventail de pâtisseries qui s'offre sous ses yeux : tarte aux fraises, gâteau royal, *cheese-cake* aux framboises, tiramisu, macarons, tarte Tatin… et tarte au citron meringuée, sa préférée !

Bon, j'ai bien mérité une petite douceur pour récompenser mon exploit d'aujourd'hui, non ? se dit-elle en souriant, les yeux écarquillés de gourmandise.

— Bonjour mademoiselle, que puis-je faire pour vous ? lance une femme d'une belle cinquantaine d'années, tout sourire, à l'allure élégante.

Son tablier blanc rappelait avec beauté ses petites mèches blanches et son sourire éclatant.

Nina trouva cette femme d'une simplicité rayonnante.

— Bonjour… je prendrai un cappuccino et une tarte au citron meringuée, s'il vous plaît.
— Très bon choix, c'est mon dessert préféré ! s'exclame la pâtissière.

– Le mien aussi, je ne peux résister à l'envie de goûter une tarte au citron quand j'en trouve une, confie Nina avec une pointe d'excitation.
– Une connaisseuse alors ! Allez vous installer, ma chère, je vous apporte ça tout de suite.

En dégustant la tarte, Nina se dit qu'elle en avait rarement mangé une aussi bonne. La pâte est fraîche, sablée à souhait avec ce délicieux parfum de poudre d'amande. La crème au citron est onctueuse et légère, avec un parfait dosage de sucré et d'acidulé. Quant à la meringue, *mamma mia !* Meringue italienne qu'on pourrait manger toute seule. Le mélange des trois est un feu d'artifice pour ses papilles.

Son café terminé et son assiette quasi léchée, *il est l'heure de repartir*, pense-t-elle.

Je tenais à vous dire que votre tarte au citron était un vrai régal ! Je suis même tentée d'en prendre une pour la route, dit Nina toute revigorée à la caisse.

– Vous être très aimable ! Vous savez, pour la petite histoire, c'est grâce à cette tarte au citron que cette pâtisserie existe.

– Ah oui ?

– Ça ne se voit peut-être pas, mais dans mon ancienne vie, je travaillais dans un grand cabinet d'avocats, à Montréal. Financièrement, c'était très confortable, mais je me suis rendu compte à un moment donné que j'étais malheureuse, car je passais à côté de ma vie. J'avais un conjoint que je voyais de moins en moins, des enfants que je ne voyais pas grandir et qui aimaient mieux être dans les bras de leur nounou que dans les miens. Alors, à 40 ans, j'ai décidé de faire ce que j'aimais pour ne plus avoir à travailler un seul jour de ma vie. Depuis toujours, j'étais passionnée de pâtisserie, et c'est en faisant ma tarte au citron une fois à la maison que j'ai eu l'idée d'en faire mon nouveau métier. Et voilà, c'est parti de là ! Celle-ci est la première pâtisserie que j'ai fondée il y a 20 ans, ici, dans mon village natal, mes racines. Depuis, j'ai ouvert six autres établissements dans tout le Canada, qu'un de mes fils gère désormais : à Montréal, Québec, Toronto et Vancouver… et ça continue de se développer.

— Wow, quelle belle histoire ! C'est vraiment courageux d'avoir changé de vie comme ça !

— Je ne sais pas si on peut appeler ça du courage. À l'époque, c'était le bon sens pour moi. J'étais rendue à un point où je n'avais plus vraiment le choix… Bon, j'arrête avec mes histoires, dit-elle en secouant la tête comme pour se sortir de ses pensées. Et vous, mademoiselle, que faites-vous dans notre belle région ?

— En fait, je suis en route pour passer quelques jours à *L'Auberge de vie*. Vous connaissez ?

— Non, ça ne me dit rien. Simon, René, ça vous dit quelque chose, *L'Auberge de vie* ?

Les deux compères, toujours affairés à leur partie de cartes, lèvent le doigt pour indiquer un non.

— Ce doit être tout récent, alors ! Vous serez parmi les privilégiés à découvrir cette auberge. Tenez, c'est un cadeau de la maison, dit la pâtissière en tendant à Nina une petite boîte contenant une tarte au citron.

— Oh, merci beaucoup, madame ! réplique Nina, confuse en raison de cet acte de générosité inattendu.

— Appelez-moi Christine.

— Merci, Christine; moi, c'est Nina. Je ne manquerai pas d'aller goûter vos délicieuses pâtisseries à Montréal aussi ! Je vous souhaite une belle journée !

— Belle journée à vous aussi, Nina, et profitez bien de votre séjour !

Enchantée de son cadeau et surtout de cette belle rencontre, Nina se remet en route. Direction : détente, calme et chouchoutage !

Il n'y a pas de hasard, que des rendez-vous

Jour 2 – Arrivée à l'auberge

Dépourvue de couverture réseau à la sortie du village, Nina savait que sa seule chance de parvenir à destination était de suivre les indications que lui avait envoyées l'auberge. Cependant, après une heure dans la forêt où elle s'enfonçait de plus en plus, sans personne à l'horizon pour confirmer si c'était le bon chemin, elle commença à trouver le temps long… très long.

En plein sentier, elle s'arrêta pour vérifier sur la carte si elle ne s'était pas trompée. Ne sachant si c'était la température ou le stress, elle avait chaud « en tabarouette », comme on dit en bon québécois. Carte dans une main, elle baissa la vitre de la portière de l'autre.

À ce moment-là, un petit vent de fraîcheur pénétra telle une plume caressant sa joue, amenant avec lui les odeurs végétales de la forêt et les doux gazouillis des oiseaux. Nina ne put s'empêcher de fermer les yeux et d'emplir ses narines et ses oreilles de cette délicieuse sensation. Des flashs de souvenirs d'enfance remontèrent à la surface : elle se revit à 6 ans avec son père, sa mère et son petit frère en train de ramasser des pommes de pin dans cette forêt en Toscane, la région natale de ses parents, en Italie.

Les arbres qui lui semblaient si immenses, l'odeur de terre, les nids de fourmis découverts au hasard au creux des troncs avachis, les pique-niques, les balades à vélo avec les mini-roues arrière, les rires, l'insouciance…

C'était les années où les problèmes d'argent n'avaient pas encore commencé à miner la famille. Son père ne manquait pas une occasion pour les gâter et leur réserver de belles surprises, comme la fois où il est arrivé avec des billets pour New York. C'était aussi l'époque où sa mère prenait encore le temps de préparer de délicieux gâteaux tout chauds que Nina et son frère dévoraient au retour de l'école.

Soudain, un ronronnement de moteur de voiture venant au loin l'extirpa de ses souvenirs bucoliques, et elle repartit dans l'espoir d'arriver bientôt à l'auberge. Quelques minutes plus tard, Nina commença à entrevoir la fin du chemin en forêt et à deviner l'entrée d'un domaine qui ne pouvait être que celui de l'auberge.

« Bienvenue à *L'Auberge de vie* » était inscrit sur le panneau en bois indiquant la direction vers le bâtiment.

« Yes, enfin ! » s'écria Nina de soulagement.

Elle suivit l'indication du panneau et emprunta un chemin sinueux pour enfin… découvrir le Saint Graal !

C'était une grande bâtisse en bois rond, de type chalet, avec un toit cathédrale. Un beau jardin l'entourait. À voir la dizaine de voitures qui étaient garées dans le stationnement, Nina n'était pas la seule cliente, ce qui ne manqua pas de la rassurer, d'une certaine façon. Sa valise à la main droite et sa petite boîte de pâtisserie à la main gauche, elle entra dans l'auberge, excitée de découvrir l'endroit.

Le hall d'accueil était chaleureux, orné de belles tapisseries. Une fontaine apportait une ambiance apaisante et zen. De l'autre côté du hall, de grandes baies vitrées laissaient passer la lumière et deviner une végétation extérieure luxuriante. À mi-chemin, un bureau d'accueil. La réceptionniste faisait un coucou de la main, invitant Nina à venir se présenter au comptoir.

– Bonjour Nina, ravie de vous accueillir ! dit la réceptionniste avec un grand sourire.

– Bonjour ! répondit Nina, étonnée de voir que l'hôtesse l'avait déjà identifiée.

Elle remarqua en même temps le petit badge sur la chemise de l'hôtesse où il était inscrit le prénom d'Isabelle.

— Oh, c'est vous Isabelle, c'est avec vous que j'ai discuté hier au téléphone.

— Oui c'est bien moi. On vous attendait avec impatience, dit-elle avec un sourire bienveillant. Vous verrez, ça valait la peine de prendre la voiture jusqu'à chez nous.

Nina trouva, un instant, cette remarque étrange. *Comment avait-elle pu deviner que prendre la voiture était un défi pour moi ? En même temps, c'est peut-être une phrase toute faite qu'elle dit à tous les clients, vu que le seul moyen d'accès est la voiture,* se dit-elle.

— Voici la carte d'accès à votre chambre, enchaîna Isabelle. Il s'agit de la chambre numéro 33, avec vue sur le lac. Vous avez accès à toutes les installations : la piscine, le spa, le canoë sur le lac et, bien sûr, à notre personnel qui est là pour vous. Je vous laisse vous installer dans votre chambre. N'hésitez pas à revenir me voir pour quoi que ce soit.

— Excellent, merci ! répondit Nina en prenant la carte. Une question, y a-t-il un accès à Internet dans l'auberge ?

Isabelle esquissa un petit sourire et répondit :
— Vous avez accès à tout, mais à vous de décider si vous voulez l'utiliser ou pas.

Nina se sentit presque gênée de passer pour une cyberdépendante.

— Bienvenue chez vous, Nina, profitez bien de ce séjour; profitez-en bien, c'est votre tour.

En se dirigeant vers sa chambre, Nina continua de découvrir les lieux. Elle resta subjuguée devant un mur végétal arborant, en lettres de bois, « Rien ne se perd, rien ne se crée, tout se transforme », une phrase faisant particulièrement écho chez elle, car son père, féru de mathématiques et de physique, aimait rappeler cette citation d'Antoine Lavoisier.

Un peu partout dans les couloirs étaient exposés des tableaux ou des sculptures avec des citations inspirantes. Elle trouvait cela original, bien différent des banals tableaux de paysage que l'on retrouve habituellement dans les couloirs et chambres d'hôtel.

Arrivée à sa chambre, elle resta éblouie par la luminosité. Le lit blanc et douillet avait l'air d'une grosse guimauve. Nina ne put s'empêcher de sauter dedans et de s'y blottir comme si elle avait 4 ans. En se tournant sur le dos, les bras en croix, elle découvrit sur le plafond une magnifique fresque, où il était dessiné *Where attention goes, energy flows* (l'énergie va là où se dirige l'attention). Nina resta un bon moment dans cette position, comme hypnotisée. Elle ne savait pas trop quoi penser de cette phrase, mais elle sentait que cela résonnait en elle. Tout d'un coup, elle entendit un fort cri de mouettes à travers la fenêtre.

D'un saut, elle ouvrit la porte du balcon pour se retrouver face à une vue de carte postale : l'étendue du lac réfléchissant le bleu du ciel et le vert des collines adjacentes. Des mouettes volaient à l'unisson dans un ballet dont elles seules connaissaient la chorégraphie.

En bas, sur le ponton, Nina remarqua une tête grise installée sur un fauteuil de camping rouge face au lac, une bouteille d'eau et un livre posés sur le plancher de bois.

« Contemplation » était le mot qui lui venait pour décrire ce tableau vivant.

Elle continua de faire le tour de sa chambre, n'étant pas au bout de ses surprises. Elle ouvrit le minibar et, au lieu de trouver de l'alcool, découvrit avec surprise des mandarines, des pêches, des raisins et une petite bouteille d'eau. Elle en profita pour mettre sa tartelette au frais et se désaltérer un peu.

La salle de bain était originale, faite en pierre brute et agrémentée de matériaux nobles. *On se croirait dans une grotte, mais une grotte de luxe,* pensa Nina avec amusement.

Elle commença à défaire sa valise et s'empara d'un cintre pour accrocher une de ses robes. Elle resta bouche bée en découvrant l'inscription suivante sur le cintre en carton : « Ce cintre est fabriqué à partir de lettres d'amour/This hanger is made of love letters ». Elle examina les autres et découvrit qu'ils étaient tous faits à partir de matériaux recyclés, avec une touche d'originalité.

Nina en était presque émue. Elle se sentit soudain triste de vivre cette expérience seule sans pouvoir la partager avec Paul. Ses souvenirs de vacances ensemble à Cuba et en Europe lui serrèrent à nouveau le cœur et la gorge. Elle aurait tant aimé qu'il soit là.

Elle prit son téléphone et le connecta au réseau Wi-Fi pour pouvoir de nouveau aller consulter la page Facebook de Paul et celle de ses amis, en espérant avoir accès à des nouvelles de lui, à de nouvelles photos. Encore une fois, déception. Son compte Facebook était devenu une vraie boîte noire depuis leur séparation.

Sentant qu'elle pourrait de nouveau tomber dans le piège de l'« ascenseur émotionnel », Nina décida de sortir de sa chambre pour découvrir pleinement les lieux et en profiter aussi pour souper, vu qu'il était presque 19 h.

En se baladant dans l'auberge, elle trouvait étrange de ne croiser personne dans les couloirs, ni même à la piscine ou au spa. Pourtant, cela ne l'empêcha pas de trouver l'endroit accueillant et chaleureux; elle s'y sentait vraiment bien.

Elle se dirigea finalement vers la salle à manger, espérant trouver une présence humaine.

Alléluia ! Quatre personnes étaient installées à une table, deux couples dans la cinquantaine. Ils avaient l'air de bien sympathiser avec la serveuse, qui prenait leur commande.

Nina s'installa à quelques tables du joyeux petit groupe, près de la fenêtre donnant sur le lac. En regardant le menu du soir, elle fut drôlement surprise de ne trouver que de la truite; de la truite déclinée en entrée, de la truite sous toutes ses formes en plat principal.

Il ne manquerait plus que de la truite en dessert… miam, un bon moelleux au chocolat avec de la truite, ce serait bon, ça !

– Bonsoir, Nina, ravie de vous accueillir ! lança la serveuse avec enthousiasme.

Sur son badge, Nina pouvait lire le prénom de Martine.

– Bonsoir !

– Ce soir, c'est spécial truite ! C'est de la truite fraîchement pêchée du lac à côté, la meilleure de la région. Je vous recommande vivement le trio de tartares de truite en entrée et, en plat principal, la truite saumonée au four avec pommes de terre rissolées et champignons shiitakes. Vous verrez, c'est délicieux.

– Très bien, je vais y aller pour ça. Je prendrai aussi une petite bouteille de San Pellegrino pour accompagner le repas s'il vous plaît.

– Entendu !

Martine nota la commande sur son carnet et s'en alla, comme un papillon, ses boucles rousses virevoltant.

Nina se mit à contempler le début du coucher de soleil sur le lac. Elle se leva de table pour prendre une photo avec son téléphone et la publier sur son compte Instagram.

Elle ne put s'empêcher d'aller aussi consulter ses notifications Facebook et vérifier à nouveau le compte de Paul. Elle savait que c'était de la torture psychologique qu'elle s'infligeait chaque fois. Pourtant, elle n'arrivait pas à décrocher. C'est comme si c'était un réflexe sur lequel elle n'avait plus aucun contrôle.

Les quatre amis continuaient de s'amuser à leur table. Elle aurait pu essayer d'amorcer une discussion pour se joindre à eux, mais elle préférait rester seule. Quelque part, elle avait pris goût à repasser dans sa tête son histoire avec Paul, à ruminer ce qui s'était passé et ce qu'elle aurait dû faire différemment.

– Alors, avez-vous aimé le repas ? lança la souriante Martine en débarrassant l'assiette.

– Oui, c'était délicieux ! répondit Nina par politesse, car elle n'avait pas vraiment apprécié ce qu'elle mangeait tant elle était prise dans ses pensées.

Elle avait englouti son assiette de manière mécanique, mais se dit que si elle avait fini son assiette, c'est que ça ne devait pas être si mal que ça.

– Excellent ! Voulez-vous un petit dessert avec ça ? Un thé ou un café ?

— Non, ça va aller, merci.

En disant ces mots, un son de violon provenant du jardin se fit entendre.

— C'est l'atelier de tango argentin. Ça va commencer bientôt, si ça vous tente, chuchota Martine en faisant un petit clin d'œil.

— Oh, je vais y faire un tour alors, dit Nina, curieuse d'aller voir...

... surtout que, faute de compagnie, il fallait bien qu'elle trouve de quoi s'occuper pendant son séjour, pensait-elle.

Elle s'infiltra dans le jardin, guidée par le son mélodieux du violon. Un atelier de tango argentin, ce serait une première pour elle. La seule image qu'elle avait de cette danse était la scène de restaurant dans le film *Scent of a woman* (*Le Temps d'un week-end* ou *Parfum de femme*), où Al Pacino joue le rôle d'un aveugle qui réussit à entraîner une jeune femme dans un tango endiablé.

Alors qu'elle s'avançait, une douce brise accompagnait le beau coucher de soleil sur la piscine. La musique était de plus en plus forte. Elle entendait des bruits de pas; une certaine frénésie se faisait sentir.

Au détour des arbustes, elle découvrit un îlot d'environ une dizaine de couples déambulant sous un chapiteau décoré de végétation et de petites lumières. Ils étaient de tous âges.

Un couple d'un certain âge attira l'attention de Nina. Les deux devaient avoir facilement dans les 80 ans. Leurs gestes étaient plus lents et moins assurés que ceux des autres couples, mais ils dégageaient une tendresse si touchante.

Captivée par la beauté du spectacle, elle s'assit à une des tables aux abords de la piste de danse pour contempler ce couple.

— Bonsoir mademoiselle, dit une voix énergique avec un petit accent hispanique.

Nina se retourna en sursaut et découvrit une belle brune, coupe à la garçonne et habillée d'une robe noire fendue à la cuisse.

— Euh… bonsoir ! répondit Nina.

— Excusez-moi, je vous ai fait sursauter. Moi, c'est Cristina; c'est moi qui anime l'atelier et la milonga de ce soir, dit-elle avec un sourire sublime.

— Non, non, ce n'est rien… moi, c'est Nina; heureuse de vous rencontrer. Quel beau spectacle, vraiment !

— C'est la première fois ou avez-vous déjà assisté à une soirée de tango argentin ?

— C'est la toute première fois.

— *Muy bien !* Ça vous dirait d'essayer ?

— Euh… peut-être, mais je dois vous avouer que je ne suis pas vraiment bonne danseuse. J'ai essayé plusieurs danses de couple auparavant; on dirait que je n'ai aucun sens du rythme.

— Ma chère, on ne naît pas danseuse, on le devient. Et la danse, ce n'est pas avec les pieds, c'est avec le cœur.

Elle prit la main de Nina et la posa sur son cœur. *El ritmo está en el corazón,* chuchota Cristina les yeux fermés.

À ce moment-là, la musique s'estompa. Les couples se délièrent en échangeant des sourires et des mots en direction des tables. Cristina lâcha la main de Nina en lui faisant un beau sourire et se dirigea vers la piste de danse d'un pas sensuel et assuré. Un danseur l'attendait sur la piste.

Quelques secondes plus tard, la musique repartit. La tension contenue dans le jeu des danseurs était telle que Nina avait, inconsciemment, suspendu sa respiration. La subtilité dans le regard et le jeu de jambes transformaient la danse en une pièce dramatique où Cristina et son partenaire étaient le couple héros. Nina ne connaissait pas les pas de cette danse, mais eut, pour la première fois, un véritable coup de cœur. Elle ressentait une dimension autre dans le tango, une dimension plus profonde.

Quelques morceaux de musique plus tard, elle n'avait toujours pas osé se lancer dans la danse malgré les invitations qu'elle avait reçues. Aussi, elle sentait que son corps lui réclamait du repos. Ses épaules étaient tendues; ses bras et ses jambes, encore engourdis du stress du voyage de la journée.

Elle décida alors de remonter dans sa chambre et de se préparer à se coucher.

Après une douche bien chaude, emmitouflée dans son peignoir avec ses cheveux ayant retrouvé leur frisé naturel, elle se lova dans la couverture et déposa son MacBook sur le lit pour son rituel prédodo : commencer un petit film ou un épisode de série sur Netflix. Après quelques minutes d'hésitation, elle décida finalement de regarder, pour la énième fois, son film fétiche *The Holiday*.

En plus, ça s'y prête bien, je suis aussi en vacances, pensa Nina. *The Holiday* était le genre de film qu'elle pouvait regarder un millier de fois sans se lasser. Une histoire d'amour inattendue à l'autre bout du monde avec « Monsieur Parfait ». Idéaliste ou naïve ? Elle espérait connaître une histoire semblable où la fin serait : « Ils se marièrent, vécurent heureux et eurent ~~beaucoup d'~~ DEUX enfants. »

Bercée par la voix de Jude Law et de Cameron Diaz, Nina sombra rapidement dans un sommeil profond.

Au beau milieu d'un rêve agité, Nina se réveilla en sursaut. L'ordinateur était en mode veille, encore ouvert sur le lit. Elle le referma et le posa sur la table de chevet. L'écran de téléphone affichait 2 h 13. Elle avait la gorge sèche, si sèche que ça lui faisait mal.

Heureusement, il y a encore un peu d'eau dans la bouteille du minibar. Elle l'acheva d'une traite, mais ce n'était pas assez pour étancher sa soif. Elle mit son peignoir, prit quelques dollars au besoin et sortit chercher une bouteille d'eau supplémentaire.

Dans le couloir menant vers la réception, elle entendit du bruit. C'était un vieux monsieur qui ressemblait étrangement à Morgan Freeman, taches de rousseur incluses. Il semblait faire le ménage.

— Excusez-moi… savez-vous où je pourrais avoir une bouteille d'eau ?

— Oui, bien sûr, il y a un distributeur près de la piscine. Mais attendez…

Il se dirigea vers le bar et sortit une bouteille d'eau d'en dessous du comptoir.

— Voilà, ça vous évitera d'aller jusque-là.

— Merci beaucoup, c'est très gentil à vous… Joseph, dit Nina en déchiffrant le nom sur le badge du monsieur.

— Bienvenue, je suis là pour ça.

— Mon sommeil est un peu perturbé cette nuit, j'espère que ça va m'aider à me rendormir, confia Nina en dévissant le bouchon de la bouteille.

— C'est votre première nuit à l'auberge, c'est normal que votre sommeil soit un peu perturbé. Puis-je vous offrir un chocolat chaud ? Avec ça, vous vous rendormirez à poings fermés, je vous le garantis.

Joseph dégageait cet air qu'ont ces personnes âgées qui semblent avoir accumulé toute la sagesse du monde. Il était doux, réconfortant et inspirait confiance, même aux personnes qui se décriraient comme « paranos » – même à Nina.

— C'est très gentil de votre part; avec plaisir, merci.

Nina s'installa avec sa bouteille sur un des tabourets du bar.

— Vous travaillez ici depuis combien de temps ?

— Oh, je ne compte plus… depuis des années et des années; j'en ai vu passer du monde.

— C'est bizarre que cette auberge existe depuis si longtemps, mais qu'elle soit pourtant si peu connue.

— C'est voulu, vous savez; si tout le monde connaissait cette auberge, elle perdrait son âme. C'est l'auberge qui choisit ses visiteurs et non l'inverse, lâcha-t-il de dos en pointant la cuillère à café vers le ciel.

Ses gestes appliqués et son souci du détail dans la préparation du chocolat chaud laissaient Nina touchée de tant d'attentions.

– Pourquoi êtes-vous ici ?

– J'ai gagné à un tirage au sort pour un sondage auquel j'avais participé il y a quelques semaines. C'est la première fois que je gagne le gros lot comme ça; j'avoue que j'ai encore du mal à y croire, surtout que le jour même, j'avais prié pour partir en vacances ! s'exclama Nina.

– Quelle belle coïncidence, n'est-ce pas ? répliqua Joseph avec un léger sourire tout en remuant le lait en train de chauffer.

– J'en avais tellement besoin.

– On dirait que la plupart des gens, ces temps-ci, vivent dans l'attente des prochaines vacances. Comme s'ils étaient tout le temps en apnée et que les vacances étaient leur bouffée d'oxygène pour poursuivre leur vie.

– J'avoue... je fais partie de ces gens-là. Je travaille très fort toute l'année. Avec toute la pression et le stress accumulés, les vacances sont les seules occasions de vraiment décompresser.

– Je comprends, dit Joseph en versant délicatement le chocolat dans le lait bien chaud.

D'un geste lent, il faisait tourner la cuillère en bois dans le mélange dont émanait un parfum chocolaté qui chatouillait délicieusement les narines de Nina.

– Vous savez, dans cette auberge, on sort les déchets chaque soir. Imaginez, si on ne les sortait qu'une fois par semaine, comment serait cette auberge à votre avis ? dit-il en versant le chocolat chaud dans une jolie tasse arrondie blanche.

– Oh, ça ferait beaucoup de déchets à ramasser, répondit Nina en saisissant la tasse. Merci.

– Et si les déchets n'étaient ramassés qu'une fois par mois ?

– Ça commencerait à puer, je crois.

– Et si cela n'était fait qu'une fois par année ?

– Impossible, ça deviendrait un vrai dépotoir, répondit Nina en lâchant un petit rire.

– Comprenez-vous où je veux en venir, mademoiselle Nina ? Nous sommes comme cette auberge; il ne faut pas laisser les déchets s'accumuler.

Nina prit une première gorgée de son chocolat chaud et baissa les yeux, comme pour intégrer cette idée qu'elle venait de réaliser.

– Le corps fait ce travail de nettoyage pour la nourriture qu'on avale, mais tout le mauvais stress et les émotions désagréables que l'on peut emmagasiner, il faut bien s'en débarrasser aussi. Vous imaginez retenir tout cela pendant des mois, voire des années ?

– Vous n'avez pas tort, mais avouez que c'est plus facile à dire qu'à faire. En passant, le chocolat chaud est délicieux, merci beaucoup !

Joseph inclina la tête avec un petit sourire.

– Plus facile à dire qu'à faire, oui ! Mais c'est possible et nécessaire de le faire pour vivre une vie équilibrée.

– Oui, mais comment évacuer tout cela ? interrogea-t-elle.

Joseph s'arrêta un instant, puis s'inclina pour fouiller dans des tiroirs sous le bar. Il en sortit un carnet qu'il posa sur le comptoir, près de Nina.

– Un carnet ? Pour quoi faire ? demanda-t-elle en regardant l'objet.

– Quand on sort ses déchets, il faut bien les mettre quelque part, n'est-ce pas ?

Elle s'empara du carnet, l'esprit plongé dans ce que venait de lui dire Joseph.

– Que voulez-vous dire… ?

À peine avait-elle relevé la tête pour terminer sa question qu'elle se rendit compte que Joseph n'était plus là, son chariot non plus. Elle resta figée devant la disparition soudaine du vieux monsieur qui, pourtant, était loin d'avoir le pas alerte. Avait-il emprunté une issue qu'elle n'avait pas vue et qui lui avait permis de s'éclipser aussi rapidement ?

Rattrapée par le sommeil – le chocolat chaud commençait visiblement à faire son effet, comme prévu –, Nina prit le carnet et la bouteille d'eau en direction de sa chambre, en espérant recroiser Joseph pour poursuivre la discussion.

Jour 3 - Le pouvoir de l'attention

Si ce n'était le cri intarissable des mouettes à travers les rideaux fermés de la fenêtre du balcon, Nina serait bien restée à paresser dans le lit toute la journée.

Était-ce la conversation nocturne avec Joseph qui l'avait secouée ou son sentiment de solitude dans cette auberge où la plupart des clients étaient venus en couple ? Dans tous les cas, elle n'avait pas vraiment envie de sortir de sa chambre.

Blottie dans sa couverture, elle prit machinalement son iPhone pour regarder l'heure et jeta un coup d'œil sur les nouvelles du jour — en réalité, les nouvelles du jour sur Facebook.

Comme d'habitude, un flot de photos de couples et de bébés se déversa sur son écran, lui rappelant encore amèrement son statut de célibataire sans enfant.

Sa rancœur pour Paul vint à nouveau s'emparer d'elle, un sentiment qu'elle savait autodestructeur, mais qu'elle n'arrivait pas à raisonner.

– Service de chambre ! dit une voix derrière la porte.
À contrecœur, Nina alla ouvrir à la femme de chambre.

– Bonjour, madame !

– Bonjour, pourriez-vous s'il vous plaît revenir dans une heure ? Je ne suis pas encore prête.

– Bien entendu, madame.

Nina n'avait d'autre choix que de libérer la chambre, et heureusement pour elle. Elle culpabilisait de se sentir aussi faible et avec aussi peu d'entrain, alors qu'elle avait de quoi passer un bon moment dans cette auberge.

D'un seul geste, elle tira les rideaux de sa fenêtre. Elle avait oublié à quel point la vue était magique. Il faisait en plus un temps radieux. Une mouette s'était posée sur la rambarde, donnant la drôle d'impression à Nina qu'elle la dévisageait. Au moment d'ouvrir la porte pour s'en rapprocher, sans surprise la mouette s'envola pour rejoindre ses copines dans le ciel.

Un kayak et deux pédalos jaune canari déambulaient, créant de jolis sillons sur le lac. *Ça fait bien longtemps que je n'ai pas fait de pédalo*, réalisa Nina.

En baissant les yeux vers le ponton, elle reconnut le siège et la chevelure grise de la personne qui était assise la veille au même endroit. Homme, femme ? Difficile à dire. La personne était de dos, et on ne pouvait voir que le haut de sa tête.

Une douche plus tard, Nina enfila son maillot de bain et une robe, en direction du buffet de l'auberge pour prendre son petit déjeuner.

En engloutissant son café, ses œufs brouillés et son toast beurré en cinq minutes, elle se rappela à quel point elle haïssait manger seule à une table de restaurant. Si elle pouvait l'éviter, elle le ferait, mais il fallait bien qu'elle prenne des forces pour la journée. Munie de ses écouteurs, ses lunettes, sa crème solaire et de sa profonde solitude, elle se dirigea vers la piscine pour passer le temps et faire bronzette.

Finalement, elle changea d'avis. Elle sentait qu'elle s'ennuierait trop vite à rester sur une chaise longue. Et l'image des pédalos dans le lac lui avait donné une forte envie d'en faire. Excitée à cette idée, elle inscrivit son nom à la réception et s'en alla vers le ponton où étaient attachés les pédalos libres.

En arrivant sur place, elle remarqua que la personne était toujours là, assise sur son fauteuil rouge de camping à l'extrémité du quai, immobile face au lac.

Nina était intriguée et curieuse de mettre un visage sur la silhouette assise, mais ce n'était pas possible d'où elle était.

Sa curiosité mise à part, elle avait hâte aussi d'essayer le pédalo. Elle en décrocha un vert fluo qu'elle trouvait à son goût, monta dedans et commença à redécouvrir la sensation d'enfance qu'elle avait presque oubliée.

Quittant le port d'attache en direction du centre du lac, elle ne put s'empêcher, derrière ses lunettes de soleil, de regarder en direction de la « silhouette assise ». Au fur et à mesure qu'elle s'avançait, elle découvrait petit à petit le visage de la mystérieuse personne.

C'était un homme, d'une soixantaine d'années environ, à la chevelure ébouriffée et grise. Il était assis, les yeux fermés. Il ne semblait pas faire une sieste, car sa posture était assez droite, mais paraissait tout de même dans un état de relaxation. Dans sa main, il tenait un objet… on aurait dit un chapelet.

Nina pédalait tout en l'observant. La sérénité qui se dégageait de lui était telle qu'elle ne pouvait décrocher son regard. Était-ce la vision de cet homme en pleine détente ? Ou bien l'immensité du lac, le clapotis de l'eau et les caresses des rayons de soleil qui procuraient à Nina ce sentiment de quiétude qui lui avait tant fait défaut ces derniers temps ? Peut-être tout cela ensemble.

Après une balade rafraîchissante, elle se redirigea vers le ponton.

Une fois arrivée à bon port, la mission de garer le pédalo et de l'accrocher se révéla plus ardue que prévu. Elle essaya tant bien que mal de se rapprocher suffisamment pour attacher la corde. Impossible.

Je suis capable de gérer des projets complexes, mais attacher un pédalo, ça, je ne suis pas capable, Bon Dieu de bon sang ! pensa Nina en se réprimant intérieurement.

— Lancez-moi la corde, je vais vous aider à l'attacher, dit un homme dont elle ne pouvait pas vraiment voir le visage à contrejour.

Impuissante, Nina lui lança la corde, puis prit la main qu'il lui tendit pour l'aider à sortir du pédalo. En mettant les pieds à sec, elle réalisa qu'il s'agissait du monsieur à la chevelure grise ébouriffée. Il portait une barbe de deux jours bien taillée et, malgré ses pattes-d'oie, son regard bleu azur pétillait comme celui d'un enfant.

— Merci beaucoup, monsieur, vous m'avez sortie d'un beau pétrin, dit Nina confuse et soulagée à la fois.

— Ce n'est rien, ça me fait plaisir, répondit-il d'une voix douce et réconfortante.

— En passant avec mon pédalo tout à l'heure, je vous ai vu assis, les yeux fermés. Vous aviez l'air très concentré. J'espère que je ne vous ai pas dérangé avec les bruits que je faisais en essayant d'accoster.

— Oh non, pas du tout, j'avais déjà fini ma séance de méditation. Au fait, je m'appelle Gabriel, et vous ?

— Nina.

— Ravi de faire votre connaissance, Nina. C'est votre première fois à l'auberge, n'est-ce pas ?

— Oui, la toute première fois ! Je suis arrivée hier. Et vous ?

— Oh, moi je suis un habitué. Je viens régulièrement ici pour me ressourcer et aussi pour animer à l'occasion des ateliers de méditation. En avez-vous déjà fait ?

— De la méditation ? J'ai déjà eu l'occasion d'en faire il y a quelques années, à la fin d'un atelier de yoga, mais j'avoue que je ne m'y suis pas intéressée plus que ça.

— C'est dommage… c'est une pratique hélas trop méconnue, alors qu'à mon avis, elle devrait être pratiquée dès l'enfance, surtout à l'époque où on vit en ce moment.

— Comment ça ?

— Avez-vous parfois l'impression que le temps passe trop vite, que vous courez sans cesse contre la montre ?

— *Oh my God !* c'est ce que je vis tous les jours !

– Était-ce comme ça quand vous étiez enfant ?

– Non, pas du tout, on dirait que le temps s'écoulait plus doucement. De nos jours, on dirait que le temps accélère, c'est fou !

– Ce n'est pas le temps qui accélère, Nina, c'est nous qui avons changé notre rapport au temps. On est constamment pris dans le flot de l'action, dans une course frénétique vers la performance. On n'a plus le temps de se poser, de prendre une respiration. Méditer pendant quelques minutes par jour permet de prendre cette respiration, de prendre du recul par rapport à ses émotions et à ses pensées.

– Oui, mais moi, je sais que je suis incapable d'arrêter de penser. J'avais déjà essayé pendant la séance de méditation que j'avais suivie il y a longtemps. Impossible ! Mon cerveau n'arrêtait pas de cogiter.

– Méditer, ce n'est pas arrêter de penser. Vous avez raison, c'est impossible d'arrêter de penser, nous sommes faits comme ça. Méditer, c'est laisser passer les pensées qui traversent notre esprit comme on voit passer des nuages dans le ciel. Avez-vous déjà pris le train ?

– Oui, bien sûr.

– Alors, c'est comme lorsqu'on prend le train et qu'on regarde le paysage. Parfois, on voit un arbre, une vache, mais on ne s'accroche pas à l'image de cet arbre ou de cette vache, n'est-ce pas ? Ces images défilent au fur et à mesure que le train avance. Méditer, c'est la même chose, c'est laisser passer les pensées sans s'y accrocher; et un des meilleurs moyens pour y arriver, c'est de ramener son attention au moment présent en se concentrant sur sa respiration et ses sensations.

— Intéressant, ça me donne envie de réessayer.

— Si vous voulez, on peut se donner rendez-vous demain, ici, à 11 h, et on fera une séance de méditation ensemble. Qu'en dites-vous ?

— Très bonne idée, répondit Nina; ravie de cette jolie proposition.

Un bip retentit.

— Oh, j'ai une séance de massage dans 10 minutes, dit Gabriel en regardant sa montre. Voulez-vous continuer notre discussion en marchant vers l'auberge ?

— Avec plaisir.

Sur ces mots, Gabriel se pencha pour ramasser sa bouteille et son livre.

— Que lisiez-vous ? demanda Nina, cédant à sa curiosité.

- Ça ? Oh, non, ce n'est pas un livre, c'est mon journal personnel.

- Oh ! J'ai déjà essayé ça quand j'étais très jeune, mais on dirait que ce n'est pas mon truc d'écrire. Comme ça me faisait trop ruminer certaines choses, j'ai vite laissé tomber.

- C'est sûr que si ça devient un journal de rumination, ça n'aide pas beaucoup, rétorqua Gabriel en riant. Tout est dans la façon de le faire. Pour moi, c'est un journal de gratitude. Je l'ai commencé il y a 25 ans à la suite de mon divorce. Je peux vous dire que ça m'a beaucoup aidé à passer au travers.

- Un journal de gratitude ?

- Chaque matin au réveil et le soir avant de m'endormir, j'y écris au moins trois choses pour lesquelles je suis reconnaissant. Aussi surprenant que cela puisse paraître, même dans les moments difficiles, quand on fait l'effort, on peut toujours trouver des choses pour lesquelles on peut ressentir de la gratitude envers la vie. La magie, dans tout ça, c'est que plus on fait cet exercice, plus on devient attentif à ce qui nous fait du bien dans la journée.

- Oui, mais n'est-ce pas un peu comme mettre des lunettes roses ?

- En faisant ça, on ne nie pas les choses désagréables, mais on rétablit plutôt à la même hauteur tout ce qui nous fait du bien. Saviez-vous, Nina, que le cerveau humain est fait de manière à focaliser davantage son attention sur ce qui ne va pas plutôt que sur ce qui va bien ? C'est un réflexe que l'espèce humaine a développé depuis des centaines de milliers d'années pour détecter les dangers et donc assurer sa survie. L'espèce humaine a évolué, mais notre cerveau reptilien est resté identique à celui de nos ancêtres. C'est comme lorsqu'on présente un travail et qu'on reçoit plusieurs commentaires positifs; il suffit qu'une personne prononce un commentaire négatif pour qu'on focalise son attention sur celui-ci et qu'on se rende malheureux avec cela.

– C'est tellement vrai !

– Je te confie que dans mon journal, j'écris aussi les choses qui m'ont négativement touché dans la journée et que je les visualise dans un ballon qui s'envole au loin, une façon de les extérioriser pour éviter que ça me mine de l'intérieur.

– C'est drôle, comme technique. Et ça fonctionne vraiment, le journal de gratitude ?

– Ça fonctionne quand on l'utilise au quotidien ou presque. Développer le réflexe d'être reconnaissant pour tout le positif qui nous entoure est important pour rétablir l'équilibre et prendre du recul par rapport à notre perception de la réalité. Souvent, les choses ne sont pas aussi graves que ce qu'on en pense, car tout est une question de perception. C'est ce que j'ai réalisé justement après mon divorce difficile.

– C'est drôle que vous parliez de ça, car je sors depuis quelques mois d'une rupture très douloureuse. J'ai vraiment de la misère à passer au travers, soupira Nina.

– Je comprends votre douleur; je me rappelle que je passais par des états de profonde tristesse et des états d'euphorie, des montagnes russes émotionnelles. C'est à ce moment-là que j'ai commencé à pratiquer la méditation chaque jour. Elle me permettait d'arrêter de me laisser happer par mes pensées et m'exerçait à être plus attentif aux joies et aux petits plaisirs qu'on peut vivre dans l'instant présent.

– C'est vrai que je suis quasiment tout le temps en train de penser à mon histoire avec mon ex-compagnon, aux erreurs que j'ai faites, à ce que j'aurais pu faire autrement pour faire changer le cours des choses, très souvent occupée à ressasser la colère et la rancœur que j'ai pour lui. Je n'en peux plus, je suis épuisée.

– Nina, comme disait Bouddha : « Rester en colère, c'est comme saisir un charbon ardent avec l'intention de le jeter sur quelqu'un; c'est vous qui vous brûlez. » La première chose que je vous dirais, c'est d'accepter. L'acceptation, c'est la clé pour passer à autre chose. Je peux vous le dire en toute connaissance de cause. Acceptez votre histoire, le fait qu'elle n'ait pas eu l'issue escomptée. Si ça s'est passé comme ça, alors ça DEVAIT se passer comme ça. J'irais même plus loin en vous disant que c'est PARFAIT comme ça, car cette personne devait sortir de votre vie pour laisser la place à celle qui est faite pour vous.

– Je vois ce que vous voulez dire, mais c'est difficile à accepter.

– Je sais, Nina, mais ce sont vos blessures qui parlent, et tant que vous n'aurez pas réglé ces blessures, vous continuerez à vivre des situations qui rouvriront ces mêmes blessures.

– Comment ça ?

– Avez-vous déjà analysé vos relations amoureuses ? Souvent, quand on fait cet exercice, on réalise qu'on a tendance à revivre les mêmes problèmes de couple, ou à se retrouver dans le même genre de relations.

– Vous n'avez pas tort. Je me suis d'ailleurs souvent dit que je n'avais pas de chance, que je tombais toujours sur des gars immatures, des « phobiques de l'engagement ».

– Vous êtes-vous déjà posé la question pour savoir si ça venait de vous et non du facteur chance ou malchance ? Ces gars, c'est vous qui les choisissez, de manière consciente ou inconsciente, n'est-ce pas ?

– C'est vrai.

— Vous savez, Nina, j'aimerais vous partager une clé qui m'a beaucoup aidé à sortir moi-même de ces schémas répétitifs, mais je dois vraiment y aller, car je suis en retard pour mon rendez-vous de massage. On poursuit notre conversation demain après notre séance de méditation à 11 h ?

— Avec plaisir, Gabriel, j'ai bien hâte ! Profitez bien de votre massage.

— Merci ! Profitez bien de cette belle journée ensoleillée. Le moment présent, Nina, il n'y a que ça de vrai !

Nina sentit cette dernière parole résonner très fort. En se retournant pour se diriger vers le jardin de l'auberge, elle avait encore cette phrase en écho, comme une révélation.

Elle se rendit compte à quel point c'était vrai. Elle était, la plupart du temps, dans ses pensées, soit à ressasser le passé, soit à se projeter vers le futur, mais rarement elle s'arrêtait pour savourer l'instant présent.

Les mots de Gabriel, sa profonde sérénité et son histoire de divorce l'avaient tellement touchée qu'elle sentait en son for intérieur qu'elle gagnerait beaucoup à mettre en pratique ce qu'il lui avait suggéré. Soudain, elle eut un éclair : les paroles de Gabriel, le carnet que lui avait laissé Joseph. Elle pourrait utiliser celui-ci pour en faire son journal de gratitude.

La rencontre avec Gabriel avait laissé Nina dans un sentiment de joie profonde et de légèreté. Cet homme irradiait d'une générosité et d'une bienveillance familière qui avaient mis Nina tout de suite à l'aise. Elle avait hâte à la suite de leur conversation. Pour dompter sa patience, elle remit ses écouteurs, lança sa liste d'écoute bossa-nova sur son téléphone et se dirigea vers la piscine pour un bain de soleil. Il faisait un temps sublime, et la décoration végétale entourant la piscine donnait l'impression d'entrer dans un petit coin de paradis, une oasis de fraîcheur et de détente.

C'est tellement dommage que cette auberge soit si peu connue, un aussi beau bijou dans un écrin de nature. En même temps, heureusement que c'est le cas, sinon l'endroit serait envahi, et bye-bye la quiétude et la tranquilidad, se dit-elle avec une pointe de contentement à la pensée d'avoir le privilège de profiter de cet éden.

Après quelques heures, sa quiétude fut perturbée par l'arrivée d'un jeune couple qui s'embrassait de l'autre côté de la piscine. C'était la première fois que Nina les croisait tous les deux. Elle ne put s'empêcher de se revoir au même endroit avec Paul, trois ans plus tôt, alors qu'ils s'embrassaient lors de leur premier voyage en amoureux à Cayo Blanco, à Cuba.

Les souvenirs refaisant surface, Nina sentit monter des larmes se confondant avec la vue de l'eau de la piscine. Avec elles montait l'envie incommensurable d'aller encore une fois regarder le profil de Paul sur Facebook.

À peine eut-elle le temps de cliquer sur l'icône du réseau social qu'elle tomba, dans son fil d'actualités, sur une photo à laquelle était associé Paul, accompagné d'une jeune femme qu'il tenait par la taille de manière très explicite.

Choquée, Nina se redressa sur son transat pour mieux regarder la photo, partagée par leur ami commun Laurent, et vérifier qu'elle n'était pas en train d'halluciner.

C'est qui, celle-là ? cria-t-elle intérieurement avec le sentiment que sa tête et son cœur étaient au bord de l'implosion. Elle cliqua sur la photo pour l'agrandir et capter les moindres détails.

C'est quoi, ce sourire niais ? Puis, elle est toute longiligne, on dirait une asperge ! pensa-t-elle bouillonnante de colère.

Les pensées et les émotions se bousculaient.

Vraiment ? Il s'est déjà mis en couple alors que ça fait à peine six mois qu'on n'est plus ensemble et trois mois qu'on a eu notre dernière dispute. Il m'a même souhaité un joyeux anniversaire il y a deux mois. Et là, il est déjà en train de poser pour une photo de couple avec cette poufiasse ? Salauuuuuuuuuuuuuuud !

Elle mit ses lunettes de soleil, tentant de cacher ses larmes qui se déversaient en flot continu et faisaient exploser tous ses barrages intérieurs. Dans un état second, elle se dirigea vers l'intérieur de l'auberge pour monter dans sa chambre. Fuyant les regards derrière l'écran noir de ses lunettes fumées, elle rejoignit enfin sa chambre, son refuge, ferma les rideaux plongeant la pièce dans une totale obscurité, puis s'écrasa contre le lit pour laisser éclater en larmes et en cris toute sa douleur.

Pourquoi ? Pourquoi ? Pourquoi j'ai pas de chance avec les gars ? Je l'ai soutenu, j'étais là pour lui pendant les moments difficiles ! J'ai mis tellement d'énergie à faire réussir notre couple ! Et maintenant que tout va bien pour lui, il s'affiche avec une autre ? Elle récolte les fruits de tous les sacrifices que j'ai faits pour lui, cette conne !... Non, c'est moi la conne, la grosse conne de l'histoire ! J'ai envie de lui écrire un message pour lui dire mes quatre vérités, à ce connard ! Pour qu'il sache à quel point il m'a fait du mal, à quel point c'est un salaud, un égoïste !

Nina commençait déjà à rédiger mentalement le message acide qu'elle avait envie de lui envoyer, en puisant dans son vocabulaire les mots les plus blessants qu'elle pouvait trouver.

À force de pleurer, Nina avait désormais du mal à respirer. Au bord de l'étouffement et dans un instinct de survie, elle se redressa, puis se dirigea à tâtons dans la noirceur vers la salle de bain pour se moucher. En allumant, elle se fit peur dans le miroir : les yeux en sang, ses cheveux en bataille, le teint brouillé, la morve coulant vers les lèvres rouges et enflées.

Ce n'était plus de la peur qu'elle ressentait, mais de la pitié, pitié pour la loque humaine qu'elle était devenue, pitié qui ne fit que déclencher une nouvelle crise de larmes par rapport à l'état de déliquescence où elle était.

Épuisée de pleurer, Nina se lava et s'essuya le visage en évitant soigneusement de croiser son reflet dans le miroir. Elle éteignit la lumière de la salle de bain, puis se traîna jusqu'au lit pour dormir, en espérant que tout cela n'était qu'un cauchemar…

Jour 4 - Guérir ses blessures

— Bonjour ! Service de chambre, puis-je entrer ?

Le son aigu de la voix derrière la porte extirpa Nina de son sommeil. Elle se sentait assommée et embrumée, comme si sa tête était prise dans un gros nuage gris. Elle jeta un coup d'œil sur l'heure affichée à son écran de téléphone : 10 h 05.

Nina se dirigea d'un pas lourd vers la porte :

— Un instant s'il vous plaît, j'arrive…

— Oh ! Désolée, madame, dit la femme de chambre embarrassée. J'ai dû vous réveiller.

— Ce n'est rien, pourriez-vous repasser dans 45 minutes ? Juste le temps de me préparer et de quitter la chambre.

— Bien sûr, madame.

Nina se rappela qu'elle avait rendez-vous avec Gabriel vers 11 h pour son initiation à la méditation. Elle n'avait pas vraiment envie de sortir de sa chambre, mais finalement se dit que ça pourrait lui faire du bien de se changer les idées. Elle se traîna jusqu'à la salle de bain.

Mon Dieu, je comprends la réaction de la femme de chambre quand je lui ai ouvert la porte, j'ai une tête à faire peur.

Après une douche chaude bien réconfortante, Nina s'enveloppa dans son peignoir et prit sa trousse de maquillage. *Heureusement que l'anticernes et le fond de teint existent; un coup de pinceau magique et bye-bye la cata !* se dit-elle en essayant de camoufler ses yeux bouffis et son teint brouillé.

Une touche de fard à joues et de mascara plus tard, elle enfila un tee-shirt et un pantalon de jogging. Avant de quitter la chambre, elle jeta un coup d'œil à travers la fenêtre, curieuse de voir si Gabriel était déjà sur le ponton.

Il était bien là. On pouvait apercevoir le haut de sa chevelure poivre et sel. Nina n'avait rien mangé depuis son petit déjeuner de la veille. *J'ai encore un quart d'heure devant moi. Il vaudrait mieux que j'aille prendre quelque chose au buffet du restaurant,* se dit-elle.

— Désolée, mademoiselle, le buffet est terminé depuis 10 h, dit Martine d'un air un peu contrarié.

— Vous êtes sûre ? Je n'ai rien mangé depuis hier matin. Serait-il possible d'avoir un petit quelque chose de la cuisine ?

— Je vais voir ce que je peux faire.

Quelques instants plus tard, Martine revint avec un plateau.

— Voilà, mademoiselle, voulez-vous que je vous dépose cela sur cette table ?

— Merci beaucoup, Martine.

En quatre grandes bouchées, elle finit la tranche de pain grillé avec les œufs brouillés, puis avala le jus d'orange et le yaourt nature en surveillant l'heure pour ne pas être en retard à son rendez-vous.

***

— Bonjour Gabriel !

— Oh ! Bonjour Nina, je suis heureux de vous revoir ! s'exclama Gabriel avec un large sourire en se relevant de son siège.

Nina avait encore une fois cette étrange sensation que Gabriel lui était très familier. Elle venait à peine de le rencontrer, et pourtant, elle avait l'impression de le connaître depuis toujours.

— Quel temps magnifique, n'est-ce pas ? lança-t-il en étirant ses bras et en prenant une grande respiration.

Dans sa précipitation matinale, Nina n'avait pas réalisé qu'il faisait un temps sublime, digne d'une belle journée d'été.

— C'est vrai ! Je vous avoue que j'ai failli rester dans ma chambre. Heureusement que j'avais rendez-vous avec vous. C'est ce qui m'a motivée à sortir.

— Pourquoi donc ? Je vois que vous avez une petite mine…

— J'ai appris hier que mon ex-conjoint avait une nouvelle copine; ça m'a complètement abattue moralement. J'ai une telle rage, vous ne pouvez imaginer. Rien que le fait d'y repenser, ça me bouffe de l'intérieur.

— Venez Nina, venez…

Gabriel recula le fauteuil, puis déroula un petit tapis, l'invitant à s'asseoir à côté de lui face au paysage sublime du lac.

– Je vous comprends. Je vous ai dit hier que je suis aussi passé par un très douloureux divorce, et je comprends tout à fait les sentiments que vous traversez en ce moment. Je sais que ce que je vais vous dire peut paraître choquant en ce moment, mais ce genre d'expérience est en fait un cadeau que nous fait la vie, pour nous pousser à grandir et à évoluer. C'est ce que j'aime bien appeler des cadeaux mal emballés de la vie.

– Drôle d'expression, répliqua Nina. Je ne vois pas en quoi cette souffrance m'aide à grandir. Au contraire, je me sens anéantie, au bord de la dépression.

– Nina, vous savez, tout est une question de perception. Si je vous disais que cette blessure que vous ressentez existait bien avant que vous rencontriez votre ex-compagnon, et qu'il n'a fait que la réactiver à la suite de votre rupture, puis réactiver de nouveau en ayant une nouvelle copine ?

– Comment ça ?

Gabriel saisit son sac et sortit un livre qu'il tendit à Nina : *La guérison des cinq blessures,* de Lise Bourbeau.

– Je vous recommande la lecture de ce livre; il vous éclairera beaucoup sur ce que je vais vous dire. En fait, quand nous venons à la vie, nous vivons des expériences avec nos parents qui, immanquablement, provoquent des blessures. Certaines personnes vont développer une blessure de trahison; d'autres, une blessure d'abandon; d'autres encore, une blessure d'humiliation, de rejet ou d'injustice. En général, nous avons chacune et chacun au moins quatre de ces cinq blessures, mais souvent l'une est plus marquée que les autres. Naturellement, nous traînons avec nous ces blessures dans nos relations sociales, amicales et, bien sûr, amoureuses.

– Ah oui ?

– Lorsque vous prenez du recul par rapport à votre relation avec vos parents, quelle blessure pensez-vous avoir le plus développée par rapport à eux ? Abandon ? Trahison ? Rejet ? Humiliation ? Injustice ?

Suite à cette question surgirent plusieurs souvenirs, mais ce qui ressortit d'emblée fut l'épisode de la tentative de suicide de sa mère au volant de sa voiture. Puis vint la scène où son père avait commencé à faire ses valises, menaçant de quitter la maison sous les yeux tristes et impuissants de Nina et de son petit frère. Un mélange de trahison et d'abandon, c'est ce qui vint spontanément à l'esprit de Nina en repensant à ces épisodes marquants.

– Lorsque vous repensez à votre rupture avec Paul, quelle blessure selon vous cela a-t-il pu réactiver chez vous ?

Trahison et abandon, pensa Nina tout haut en levant son regard vers Gabriel avec stupéfaction.

– Vous voyez, Nina. J'irais plus loin, mais auparavant j'aimerais savoir : croyez-vous en la réincarnation ?

– Oh wow, c'est une grande question ! Je dirais que ce serait dommage si tout s'arrêtait à la mort; alors oui, j'aimerais croire en une vie après la mort.

– Ouf ! Vous me facilitez un peu la tâche, dit Gabriel en riant. Si vous m'aviez dit que vous n'y croyez pas du tout, j'aurais eu de la difficulté à poursuivre. Libre à vous de croire ou de ne pas croire ce que je vais vous dire, mais de ce que j'ai appris, toutes ces expériences que nous vivons sont loin d'être le fruit du hasard.

– Comment pouvez-vous être aussi affirmatif ?

– Je ne suis pas affirmatif, je partage ce en quoi je crois et qui, par mon recul et mon expérience, a bien du sens. Ce que je voulais vous dire, en fait, c'est que les personnes que nous croisons, consciemment ou inconsciemment, nous les choisissons. C'est ce que je vous disais hier, vous souvenez-vous ?

– Oui, oui…

– J'irais même plus loin en disant que c'est notre âme qui choisit de les croiser dans cette vie avant même son incarnation sur terre.

– Comment ça ?
– Nous venons tous sur cette terre pour guérir des blessures antérieures et réaliser un projet; certains l'appelleront « mission de vie ». Avant notre

incarnation, notre âme choisit préalablement ce qu'elle cherche à accomplir dans sa nouvelle vie et fixe des rendez-vous avec d'autres âmes pour l'aider. Nos parents, nos frères et sœurs, nos amis, même nos ennemis sont en réalité des âmes avec lesquelles nous avions rendez-vous sur ce plan terrestre pour nous aider à nous accomplir.

— Vu comme ça, c'est vrai que ça change la perspective.

— Paul ainsi que toutes les personnes qui vous ont fait souffrir sont des âmes avec lesquelles vous aviez rendcz-vous pour guérir de vos blessures et évoluer. Et tant que vous ne prenez pas conscience de ces blessures et que vous ne les surmontez pas, la vie ne cessera de vous exposer à des situations qui réactiveront ces blessures pour vous donner l'occasion de les guérir et d'avancer sur votre chemin de vie.

— Ça me fait penser à l'école où on nous fait redoubler une classe tant qu'on n'a pas la moyenne minimale.

— C'est une très belle analogie, Nina ; c'est l'école de la vie ! C'est dans ce sens que des épreuves comme celle que vous vivez en ce moment sont des cadeaux de la vie, certes mal emballés, mais des cadeaux quand même. La question à se poser chaque fois est la suivante : quelle leçon puis-je retenir de cette épreuve ?

— Je comprends bien. En même temps, sur le coup, c'est difficile de se dire ça.

– Oui, c'est vrai; nos émotions, notre peur surtout, ont tendance à prendre le dessus. Une façon efficace de remédier à cela est de cultiver l'acceptation et la gratitude.

– C'est-à-dire ?

– Je ne sais pas si vous aussi vous vous retrouvez dans ce cas, mais quelquefois, on est tellement dans un souci de perfection qu'on a du mal à accepter les choses telles qu'elles sont.

– Ça, c'est tout à fait moi.

– Si je vous disais que la façon dont ça s'est déroulé avec votre ex-conjoint était parfaite, que diriez-vous ?

– Je vous dirais bien sûr que c'est loin d'être le cas. Ça aurait été parfait si Paul m'avait épousée et que tout s'était déroulé comme je l'avais imaginé.

– Ma chère Nina, dans le chemin de vie que vous avez choisi, votre rencontre avec Paul, ce que vous avez vécu ensemble, votre rupture et la manière dont tout cela s'est passé, c'était PARFAIT ! Tout comme les différentes situations qui vous ont fait souffrir, tout cela, c'était PARFAIT. C'est cela que votre âme avait choisi d'expérimenter pour grandir et s'accomplir dans cette vie.

– C'est ça que vous voulez dire par acceptation ?

– Oui, mais je ne veux pas dire par cela qu'il ne faut pas agir pour changer les choses quand il le faut. Acceptation ne veut pas dire résignation, bien au contraire. Ce que je veux dire, c'est qu'il faut donner le meilleur de soi-même, cesser de chercher la perfection dans ce qui DEVRAIT être, mais plutôt la voir dans ce qui EST, et surtout faire confiance à la vie.

– Lâcher prise, en quelque sorte…

– Exactement, lâcher prise, mais comme je disais, pas dans le sens où on se laisse aller à la vie. La notion de lâcher-prise est souvent mal interprétée. Sous prétexte du lâcher-prise, plusieurs personnes tombent dans certains pièges.

– Quels pièges?

– Le premier est celui de ne rien faire, le fameux laisser-faire. Ça, c'est plus de la paresse. Il y a aussi le piège de renoncer à la première difficulté, sous prétexte de lâcher prise.

– C'est quoi, alors, pour vous, le lâcher-prise ?

– Pour moi, le lâcher-prise, c'est faire tout ce qui est en son pouvoir pour que le but visé ait le maximum de chances d'aboutir. Persévérer même si des obstacles se mettent en travers de son chemin et ne négliger aucun détail. Une fois que tout est mis en œuvre, c'est là que le vrai lâcher-prise commence en renonçant à contrôler le résultat souhaité. Le résultat de nos efforts ne dépend pas uniquement de nous mais dépend aussi des circonstances et du comportements des personnes concernées. En lâchant prise sur les aspects qui ne sont pas sous votre contrôle Nina, vous préservez votre paix d'esprit et évitez de tomber dans la tristesse ou la colère si vos efforts n'aboutissent pas aux résultats escomptés.

— Mais comment développer ce fameux lâcher-prise ? Chez moi, c'est loin d'être naturel...

— Un des meilleurs exercices que j'ai trouvés est la méditation. Commencer par lâcher prise quant à ses pensées et à ses émotions est un très bon début. Personnellement, ça m'a beaucoup aidé. D'ailleurs, on n'avait pas dit qu'on ferait une séance de méditation aujourd'hui ?

À l'instant où Nina allait répondre à la question, un son de carillon provenant de son sac retentit. Un message texte. Était-ce un message de Paul ? Nina eut un moment d'hésitation devant Gabriel.

Il lui fit un signe de la tête avec son regard bienveillant, comme pour lui dire qu'elle était libre de consulter son téléphone si elle le souhaitait.

— C'est peut-être urgent, dit Nina pour justifier son hésitation.

« SALUT NINA. APPELLE-MOI STP DÈS QUE TU PEUX, C'EST IMPORTANT. BISOUS. »

– Non, ce n'était pas un message de Paul, constata Nina avec déception. C'était un message de sa maman. Elle pouvait le savoir par un simple coup d'œil, à la fâcheuse habitude de sa mère d'écrire les textos en majuscules comme si elle lui criait.

– Désolée Gabriel, je dois passer un coup de téléphone. C'est ma mère, elle dit que c'est important.

– Pas de problème, Nina.

– Est-ce qu'on peut reporter notre séance de méditation à demain ?

– Même place, même heure ? demanda Gabriel avec un air complice.

– Même place, même heure ! répondit Nina avec un grand sourire.

***

– Maman, jusqu'à quand vas-tu continuer à te plaindre de papa ? Ça fait une heure que tu ressasses la même chose. Tu sais bien qu'il a toujours été comme ça, et ce n'est pas maintenant qu'il va changer.

– Oui, mais ça m'énerve, je n'en peux plus de ses comportements égoïstes. Jusqu'à quand vais-je supporter ça, jusqu'à quand ?

– Franchement, je ne sais pas quoi te dire. C'est toujours la même chose. Ça y est, fais comme si tu n'entendais pas ce qu'il disait et passe à autre chose. Ça ne sert à rien que tu t'énerves comme ça.

– Nina sentait qu'elle commençait à bouillonner de l'intérieur.

Elle ne veut toujours pas comprendre que ça me fait mal quand elle se déverse sur moi pour me parler de ses disputes avec papa. C'est toujours la même histoire. Pas étonnant que je sois encore célibataire, ça ne donne pas envie d'être en couple quand on voit ce que ça peut donner après 30 ans de vie commune, pensa Nina avec regret en balançant son iPhone sur le lit.

Alors qu'elle ruminait encore sa conversation avec sa mère, le téléphone de la chambre sonna.

– Bonjour, c'est Isabelle, de la réception. Juste pour vous dire que nous vous offrons une séance de massage gratuite cet après-midi si vous le souhaitez.

Nina n'avait jamais reçu de massage de sa vie. Cela faisait partie de ces luxes qu'elle ne s'autorisait pas. Alors, comme c'était gratuit et qu'elle sentait son corps tendu, elle décida de se lancer pour la première fois.

Pendant qu'elle attendait dans la petite salle d'attente, elle ne pouvait s'empêcher de stresser. *Mais pourquoi je stresse tant ? Relaaaxe, sinon la masseuse va se rendre compte que tu es vraiment stressée, et tu vas paraître ridicule !* se répétait Nina.

Elle se surprit à analyser pourquoi elle était aussi stressée à l'idée de se faire masser. *Est-ce parce que j'ai peur qu'elle voie ma cellulite sur les cuisses et mes vergetures sur les fesses ? Et s'il y avait encore quelques poils par-ci, par-là sur les jambes ayant échappé à ma session d'épilation express sous la douche ? Et si c'était un masseur, un homme ?* Oh my God, *la honte !*

Bonjour Nina ! Ravie de vous accueillir. Je suis Nathalie, c'est moi qui vais vous masser aujourd'hui.

– Bonjour ! répondit Nina, arrachée à ses pensées.

– Ça va bien aujourd'hui ?

– Ça pourrait aller mieux... Je vous avoue que je n'ai pas trop l'habitude des massages, mais je sens que ça me fera du bien.

– Sentez-vous bien à l'aise de me dire si vous voulez que j'évite certains endroits, ou si au contraire vous préférez que j'insiste plus sur certaines parties du corps.

Nathalie dégageait un air tellement rassurant que Nina se sentait désormais plus en confiance.

– Je vous prie de me suivre.

En traversant la porte en bois, Nina fut saisie d'un spectacle inattendu. La porte ouvrait sur un long couloir plongé dans une ambiance tamisée créée par les bougies longeant les deux côtés du mur. Au fur et à mesure qu'elle s'avançait, elle se sentait enveloppée dans le parfum d'encens qui embaumait l'endroit. Une musique douce évoquant les sons de la nature accompagnait leurs pas sur le tapis perse qui habillait le sol.

Arrivée au fond du couloir, Nathalie tira un lourd et épais rideau en velours noir pour dévoiler une salle sublime, baignée dans une ambiance chaleureuse et zen. En l'espace d'un instant, Nina eut l'impression de s'être téléportée à Bali : bruits de ruissellement d'eau, jardin intérieur de bambou, ambiance boisée chaude et délicieusement humide, feuilles de bananier déposées sur la table de massage drapée de linge blanc immaculé, odeur d'encens mélangée à des senteurs florales. Elle n'en revenait pas de cette ambiance paradisiaque.

— Je vous laisse vous mettre à l'aise, dit Nathalie en apportant une serviette et un peignoir. Je reviens dans quelques minutes.

Drapée de la serviette et à plat ventre sur la table de massage, Nina n'arrivait toujours pas à se détendre. Les secondes d'attente pour le retour de Nathalie semblaient une éternité.

Relaxe…, répétait sa voix intérieure.

L'entrée de Nathalie interrompit ce flot de pensées. Elle réchauffa entre les paumes de ses mains une huile à senteur d'eucalyptus, qui chatouilla délicieusement les narines de Nina, et commença tout doucement à remonter le bas de la serviette pour masser les chevilles puis les mollets. Nina, qui redoutait ce contact, se surprit à apprécier les gestes doux et chauds qui plongeaient petit à petit son corps et son âme dans un bien-être indescriptible.

— Ça va ? demanda Nathalie d'une voix bienveillante.

— Oui, très bien, marmonna Nina, le visage coincé dans l'appuie-tête de la table de massage.

Les minutes de cette douce séance de relâchement s'égrenaient tranquillement. Toutefois, au moment où les mains de Nathalie remontèrent vers les cuisses, une panique s'empara de Nina gênée par ses vergetures. Par réflexe d'autodérision qu'elle avait développé pour parler de ses défauts, Nina ne trouva nul moyen pour évacuer son stress que d'en parler ouvertement :

— Ah, si seulement le massage pouvait faire disparaître ces maudites vergetures…

— C'est fou comme la quête du corps parfait peut préoccuper autant de femmes et d'hommes ! Je peux vous dire, Nina, que j'étais peut-être une des femmes les plus complexées que vous auriez pu croiser.

— Ah oui ?

– J'avais, et j'ai toujours, une toute petite poitrine qui me donnait l'impression d'être une femme dans un corps d'enfant. Je suis passée par toutes les phases : l'espoir que ça pousse quand j'étais adolescente, la tentation de prendre des traitements hormonaux quand j'étais dans la vingtaine, et je suis même allée jusqu'à envisager la chirurgie esthétique dans la trentaine. J'avais l'impression qu'aucun homme ne m'aimerait avec cette petite paire de cerises, et ça me bloquait totalement… jusqu'à ce que je lise un livre qui a transformé ma vision des choses et qui m'a fait réaliser que ce sont nos « imperfections » qui nous rendent parfaitement uniques.

Les paroles de Nathalie résonnaient très fort chez Nina. Elle se revoyait sous la douche ou à la plage, rusant pour cacher ses vergetures, ou encore pour détourner le regard de Paul de ses maudites stries. Elle réalisa aussi que ce complexe lui retirait beaucoup d'assurance, et qu'elle avait manqué plusieurs occasions de profiter du moment par crainte de dévoiler cette partie de son corps.

– Avec le temps, j'ai appris que pour être heureuse, je devais m'accepter telle que j'étais, poursuivit Nathalie. Nos complexes nous font porter des masques pour mieux les dissimuler, mais en même temps, ils empêchent notre lumière intérieure de briller. Il y a des moments où j'ai projeté une image qui ne reflétait pas mon vrai moi, et j'en suis devenue malheureuse; alors, j'ai décidé de changer et de faire disparaître le masque. Quels que soient les défauts que vous vous trouvez, Nina, je vous encourage à ne pas vous laisser brider par ces croyances, ou décourager par ce que les autres pensent, ressentent ou disent. Vous n'avez rien à cacher. Gardez votre authenticité, laissez la vraie Nina vibrer de tout son être lumineux, sans crainte ni masque.

Au fur et à mesure que les doigts de Nathalie s'emparaient de sa tête et de ses cheveux, Nina sentit une nouvelle vague de bien-être traverser tout son corps.

Une fois dans sa chambre, le corps encore détendu et cotonneux, certaines paroles de Nathalie résonnaient encore : *Nos complexes nous font porter des masques pour mieux les dissimuler, mais en même temps, ils empêchent notre lumière intérieure de briller. […] Ce sont nos « imperfections » qui nous rendent parfaitement uniques. […] Ce sont tes parfaites imperfections qui te rendent unique, Nina.* À cette pensée, elle s'empara pour la première fois de son journal afin d'y écrire cette dernière phrase, comme pour l'imprimer à tout jamais dans sa mémoire.

Elle réalisa avec stupéfaction qu'en haut de la page où elle écrivit cette phrase, une date était déjà inscrite : « 24 septembre 2016 ». Elle vérifia sur son iPhone, et c'était bien la date du jour. Elle aurait juré qu'aucune date n'était marquée avant qu'elle ne pose son crayon sur le journal. Elle tourna la page et vit imprimée la date du lendemain. Puis apparut une colonne à la droite de chaque page, intitulée « Gratitudes du jour ».

Irrésistiblement, Nina nota sur son journal la belle découverte des bienfaits du massage, le sublime décor qui l'avait subjuguée en traversant la porte du salon, et bien sûr le beau message délivré par Nathalie.

Après une délicieuse sieste ayant duré plus longtemps que prévu, Nina se rappela qu'elle avait encore sa tarte au citron dans le réfrigérateur. Elle lança sur son téléphone la chanson *Juste quelqu'un de bien* d'Enzo Enzo, puis s'en alla chercher sa douceur pour la déguster sur le balcon.

On est quand même bien…, se dit Nina en savourant sa première bouchée et en contemplant au loin le ciel rose et bleu accompagnant le coucher de soleil.

Cette pause délicieuse allait toutefois être de courte durée.

***

— T'en es sûre, Annie ? dit Nina sur le point de faire tomber son téléphone.

— Oui malheureusement, Nina. Laurent me l'a confirmé tout à l'heure. J'ai pensé t'appeler pour t'en informer quand même.

— *Shit…* c'est sûr qu'une offre pareille, ça se refuse mal. *My God !* Directeur général de la filiale à Singapour, avec en plus des options sur actions !

Nina en était presque jalouse.

— Laurent m'a dit qu'il allait partir en novembre.

— Et la fille qu'il tenait par la taille sur la photo ?

– Oh, tu l'as vue ?

– Bien sûr que je l'ai vue, je suis tombée dessus sur Facebook. J'ai failli écrire un commentaire assassin en lien avec la photo, mais je me suis retenue… Tu la connais ?

– Ils sortent ensemble depuis deux mois environ; c'est ce que m'a dit Laurent. Mais je ne l'ai jamais rencontrée.

– DEUX MOIS ! Il n'a pas perdu de temps, dis donc. Qu'est-ce qu'il fait avec elle maintenant qu'il va partir ?

– Laurent m'a dit qu'elle partirait avec lui…

– *What ?* T'es sérieuse ? Ils se connaissent à peine, et elle va partir comme ça avec lui ! N'importe quoi.

Nina était prise dans un cocktail Molotov d'émotions. Tristesse d'apprendre le départ imminent de Paul, colère qu'une autre prenne sa place et jalousie que son ex-compagnon sorte gagnant sur tous les plans : un poste de rêve, dans un pays de rêve, et en couple avec une fille prête à tout quitter pour le suivre.

Nina sentait à nouveau que son cœur allait exploser.

– Annie, je vais devoir te laisser, murmura-t-elle la gorge nouée en mille nœuds.

70

– Tiens bon ma belle, je comprends ta déception. Honnêtement, ce gars-là ne te méritait pas. Tu vaux beaucoup mieux que lui.

Les paroles d'Annie n'avaient aucun effet sur la tristesse de Nina. Dans le silence angoissant de la solitude, seul le son d'un violon remontant du jardin l'empêcha de sombrer dans une nouvelle descente aux enfers. Une percussion et un piano s'ajoutèrent à la mélodie, façonnant un tango qui semblait virevolter dans le vent jusqu'à elle. Décidée à changer d'air, elle enfila sa robe noire et se laissa transporter vers la source de la musique qui était en train de jouer.

Un monde fou était réuni pour danser dans le jardin. *D'où viennent tous ces gens-là ?* se demandait Nina tout étonnée. *Y a pas grand monde dans l'auberge, à moins qu'ils fassent des soirées spéciales.*

– Voulez-vous danser, mademoiselle ?

Un monsieur d'un certain âge s'était approché, avec un grand sourire.

– Je ne sais pas danser, avoua Nina, gênée.

– Ne vous en faites pas, je vais vous guider, dit-il sur un ton bienveillant en lui tendant la main.

Ils se mêlèrent à la foule.

– Je m'appelle Christophe.

– Enchantée, je m'appelle Nina.

– Laissez-vous juste guider, Nina, ça va très bien aller.

Rapidement, elle saisit qu'elle était tombée sur un danseur chevronné. Il lui faisait faire des figures et des pas qu'elle n'aurait pas soupçonné pouvoir faire. Même quand elle faisait des faux pas, il le prenait avec le sourire et l'encourageait. Nina ne pouvait l'expliquer; elle qui s'était résignée à laisser tomber la danse avait peut-être trouvé celle où elle prendrait réellement du plaisir. Le fait de se faire prendre dans les bras, allié à la musique et à l'ambiance festive, lui apportait beaucoup de réconfort.

À la tanda, Nina remercia chaleureusement Christophe qui s'était révélé un danseur et un initiateur hors pair.

Niiiiina ! Contente de vous revoir !

En se retournant, elle découvrit la radieuse Cristina.

– Bonsoir, Cristina !

– Je vois que vous avez dansé avec Christophe; vous vous êtes bien amusée ?

– Oui, tellement !

Cristina invita Nina à s'asseoir à une des petites tables entourant la piste de danse.

– Beaucoup de gens sous-estiment le pouvoir de la musique. Moi, le tango m'a littéralement sauvée à un moment de ma vie.

– Qu'est-ce qui s'était passé ?

– Je passais par un moment de remise en question profonde. J'ai pris une année sabbatique et suis partie en Argentine pour fuir la vie dans laquelle j'étais. C'est là que j'ai rencontré Gerardo, qui m'a fait découvrir l'univers du tango et des milongas, à Buenos Aires. Il m'a fait aussi réaliser le pouvoir qu'on a sur soi pour transformer sa vie.

– C'est-à-dire ?

– Il m'a montré que le bonheur n'était pas quelque chose qui nous tombait du ciel, mais quelque chose qui se construit, et surtout qui s'apprend… Alors, j'ai appris à être heureuse quels que soient les événements qui m'arrivent dans ma vie.

– Oui, mais comment être heureux quand il nous tombe une grosse catastrophe sur la tête ? demanda Nina avec une pointe de tristesse dans la voix, en repensant à la nouvelle annoncée par Annie.

– C'est la même question que je lui avais posée à l'époque. Il m'avait répondu qu'on parlait beaucoup du système immunitaire du corps humain, mais qu'on oubliait souvent le fait qu'on a aussi un système immunitaire émotionnel. Il m'a fait réaliser que les personnes qui réussissent le mieux à rebondir après un échec ou un événement douloureux sont celles qui ont développé, consciemment ou non, un bon système immunitaire émotionnel.

– Intéressant…

– La première chose que j'ai apprise, Nina, c'est d'accepter les événements douloureux qui nous arrivent et d'accueillir les émotions que nous ressentons.

Cette phrase faisait étrangement écho à ce que lui disait Gabriel.

– En fait, quand on éprouve des émotions négatives, c'est bon signe parce qu'il y a deux types de personnes qui ne ressentent pas ce genre d'émotions : les psychopathes et les morts ! ajouta Cristina sur un ton léger.

– Ouf, ça me rassure ! répliqua Nina en lâchant un petit rire.

– Se donner la permission d'être humain et de ressentir de telles émotions, c'est la première des choses que j'ai cultivées. J'ai aussi arrêté de me comparer.

La musique tournait encore et, avec elle, les couples de danseurs. Cependant, Nina était tellement touchée par les paroles de Cristina qu'elle ne voyait plus ce qui se passait autour d'elles.

– J'ai arrêté de me comparer, en me concentrant sur mes choix et mon propre parcours de vie. J'ai arrêté aussi de critiquer les autres. Gerardo m'a fait réaliser que plus on juge les autres, plus on a tendance à se juger soi-même. Alors, j'ai appris à ne plus juger qui que ce soit pour m'autoriser à être comme je suis ou comme je voudrais être.

Je n'avais pas réalisé cela auparavant; j'ai tendance à être très critique envers les autres, et c'est vrai que je suis dure avec moi-même, songea Nina en écoutant Cristina.

– Et surtout j'ai appris à profiter des petits plaisirs de la vie ! Déguster mon café du matin, sentir la caresse du soleil sur ma peau, passer un bon moment avec des amis, savourer une belle mélodie, admirer ce beau ciel étoilé et profiter de cette belle soirée dansante ! Venez, Nina, la vie est trop belle pour rester assise à la regarder passer. Voulez-vous être une figurante ou la star de votre propre vie ? s'exclama Cristina en se levant de sa chaise et en tendant les bras vers Nina.

– La star, bien sûr, rétorqua Nina en se levant avec un grand sourire.

– Alors, entrez dans la danse, ma chère !

À ce moment-là, un jeune homme tendit la main à Nina, l'entraînant dans un tango nuevo au rythme de *Sentimientos*, une musique de Jaime Wilensky qui la marquera à jamais en souvenir de cette belle nuit d'été indien.

Il n'y a pas de hasard, que des rendez-vous

Jour 5 - La puissance de l'intention

Encore sous l'emprise de l'euphorie dansante de la veille, Nina s'étira sur la porte de son balcon pour remplir ses poumons d'air frais.

Il était environ 10 h, et Gabriel était déjà sur le ponton. Elle avait hâte de le retrouver pour poursuivre leur discussion. Ses paroles, ainsi que celles de Cristina, lui avaient fait beaucoup de bien en l'aidant à prendre du recul par rapport à sa situation. Elle qui se sentait prise dans un ascenseur émotionnel était heureuse de croiser à ce moment-là de sa vie des personnes qui avaient elles aussi traversé des épisodes de vie difficiles et qui lui partageaient des clés pour qu'elle retrouve la joie de vivre. À cette pensée, ses yeux se posèrent sur son journal, l'invitant à coucher sur le papier sa gratitude du jour.

Une douche et un petit déjeuner rapide plus tard, Nina se dirigea vers le lac pour retrouver Gabriel. En s'approchant du ponton, elle réalisa qu'il n'était plus là. *Il est 11 h, pourtant !* se dit-elle en regardant l'écran de son téléphone. Près du fauteuil, elle trouva une bouteille d'eau, un livre intitulé *Kafka sur le rivage* de Haruki Murakami et un chapelet orange.

Il doit revenir bientôt, alors, pensa Nina en voyant les affaires de Gabriel qui étaient encore là. Pour l'attendre, elle s'assit dans le fauteuil et saisit le livre, intriguée par sa consonance nippone qui réveilla son ancienne passion pour le Japon. Le résumé en quatrième de couverture la transporta irrésistiblement dans ses souvenirs de voyage à Tokyo et à Kamakura. Curieuse d'en savoir plus, elle ouvrit le roman à l'endroit où Gabriel avait laissé son marque-page et tomba sur ces mots :

> Parfois, le destin ressemble à une tempête de sable qui se déplace sans cesse. Tu modifies ton allure pour lui échapper. Mais la tempête modifie aussi la sienne. Tu changes à nouveau le rythme de ta marche, et la tempête change son rythme elle aussi. C'est sans fin, cela se répète un nombre incalculable de fois, comme une danse macabre avec le dieu de la Mort, juste avant l'aube.
>
> [...] Une fois la tempête passée, tu te demanderas comment tu as fait pour la traverser, comment tu as fait pour survivre. Tu ne seras pas très sûr, en fait, qu'elle soit vraiment achevée. Mais sois certain d'une chose : une fois que tu auras essuyé cette tempête, tu ne seras plus le même. Tel est le sens de cette tempête.

Des bruits de pas faisant craquer les planches de bois l'extirpèrent de sa lecture. En se retournant, elle vit Gabriel se diriger vers elle, avec un grand sourire et un petit tapis roulé sous le bras.

– Je suis allé chercher ce tapis pour notre séance de méditation, lança-t-il.

Elle ne pouvait s'empêcher de trouver que Gabriel irradiait d'une gentillesse et d'une bienveillance rares.

– Vous avez meilleure mine aujourd'hui, Nina, dit-il tendrement en lui faisant la bise.

– Oui, c'est vrai, j'ai passé une belle soirée hier, et nos discussions m'ont fait beaucoup de bien.

Gabriel déploya le tapis, un très beau tapis qu'il avait ramené d'un voyage au Tibet. En s'asseyant sur le tapis oriental à côté de Gabriel, Nina eut, pour un instant, la drôle impression d'être la princesse Jasmine sur le tapis volant d'Aladdin. Ce qui était vrai dans un certain sens : la méditation guidée que lui a offerte Gabriel par la suite l'avait transportée dans un voyage hors du temps et de l'espace. Même si elle n'arrivait pas encore à dompter son mental pour rester dans le moment présent, les paroles de Gabriel l'aidaient à canaliser ses pensées ou, comme il dit, à « les laisser passer comme on voit passer des arbres à travers la fenêtre d'un train en marche ».

– C'est correct, Nina; moi aussi, les premières fois que j'ai pratiqué la méditation, j'ai eu beaucoup de mal à rester focalisé sur le moment présent, mais plus vous allez le faire, plus vous allez développer cette capacité à ramener rapidement votre mental. C'est comme le sport, la première fois qu'on fait des pompes, on en fait 5. Le lendemain, on en fait 10, et ainsi de suite, jusqu'au jour où on arrive à en faire 30 ou 40 d'affilée.

— L'autre jour, quand je vous ai vu méditer à partir du lac, vous teniez ce chapelet.

— Oh oui, ça ? C'est ce qu'on appelle un *mala*, révéla Gabriel en prenant l'objet dans sa main. C'est un collier de méditation issu de la tradition bouddhiste, mais pour moi, ce n'est rien de religieux. J'en ai plusieurs. À chacun j'ai associé un mantra que j'aime répéter lors de mes méditations. Celui-ci, par exemple, est associé à mon mantra « Jour après jour, je suis en paix avec moi-même ». Je répète ce mantra au fur et à mesure que j'égrène les 108 pierres du *mala*; ça m'aide beaucoup à me recentrer. Le reste du temps, j'aime les porter sur moi comme un collier ou un bracelet; ça me rappelle chaque fois mes intentions et me reconnecte au moment présent.

— C'est vraiment une bonne idée.

— Les mantras peuvent être très puissants, car chaque mot est porteur d'une vibration particulière. En fait, tout ce qui est tangible est porteur d'une énergie vibratoire, que ce soit un arbre, un animal, une voiture, vous, moi, mais aussi ce qui est intangible, comme les émotions, les pensées, les intentions. Tout n'est que de l'énergie qui se dégage de chaque chose en permanence. Et chaque énergie influence d'autres énergies. Avez-vous déjà entendu parler de l'expérience du docteur Emoto ?

– Non, ça ne me dit rien…

– Emoto est un chercheur japonais qui s'est penché sur la structure moléculaire de l'eau et sur ce qui pouvait la perturber. Il a mis en place des séries d'études pour voir si les pensées, les mots et les sons pouvaient avoir un effet sur l'eau. À partir d'un même échantillon d'eau, lui et son équipe ont mis une quantité égale d'eau dans 50 boîtes de Petri (boîtes cylindriques transparentes peu profondes). Ils ont exposé certaines boîtes à des mots bienveillants et à des énergies positives telles que l'amour, tandis que d'autres ont été exposées à des mots et à des émotions à caractère négatif. Ensuite, ils ont congelé ces boîtes, puis les ont mises dans un réfrigérateur dans lequel il y avait un microscope avec un appareil photo. Ils ont photographié des gouttes d'eau de chacune des boîtes en suivant le même protocole, et leur découverte fut édifiante. Il s'est avéré que l'eau qui avait été exposée à la vibration de mots bienveillants et à des énergies positives laissait apparaître des formes harmonieuses, brillantes, rappelant les motifs des flocons de neige. Quant à l'eau qui avait été exposée à des mots haineux, ses molécules affichaient des motifs incomplets, asymétriques, aux couleurs ternes.

– Et sachant que notre corps est constitué à 70 % d'eau…

– Absolument, Nina; si les mots et les pensées peuvent avoir cet effet sur l'eau, quel effet ont les mots et les pensées sur nous ? Ça fait réfléchir, n'est-ce pas ?

Bien que sceptique en général par rapport à ce type d'expérience, Nina trouvait en son for intérieur que ces conclusions faisaient un certain sens. En tout cas, elle pensait que cela méritait de se poser la question.

– Une pensée ou une émotion génère d'abord une énergie à l'intérieur de nous, qui s'exhalera par la suite et se propagera à l'extérieur, ce qui créera une certaine réalité. Il est possible de transformer son énergie à l'intérieur et donc de transformer sa réalité extérieure. C'est comme un miroir, Nina : si on voit un bouton sur un miroir et qu'on tape sur ce miroir pour enlever le bouton, le miroir va se fissurer, mais le bouton sera toujours là. Tandis que si on cherche le bouton, on se rend compte qu'il est sur le nez. Et si on traite le bouton, il disparaîtra du miroir. L'analogie est mauvaise, je l'avoue, mais tout cela pour dire que le monde extérieur n'est que le reflet de notre monde intérieur, et que si vous changez votre monde intérieur, votre monde extérieur changera aussi.

– C'est encore très difficile pour moi de contrôler mes pensées négatives, surtout en ce moment. Mais je vais essayer de choisir mes mots, dit Nina en tournant le *mala* dans sa main.

– Choisir ses mots avec les autres, et avec vous-même. Vous savez, la petite voix intérieure ? Moi, j'ai dû travailler beaucoup là-dessus. J'avais ce discours intérieur que je traînais depuis mon enfance et qui minait ma confiance en moi. J'ai appris à me parler plus gentiment, à être plus bienveillant, et tout a changé.

– Je me reconnais bien là-dedans, Gabriel; parfois, je me fais peur quand je me parle à moi-même. Je suis tellement dure. Quand je me retrouve dans une situation où j'ai mal agi ou commis une erreur, je me surprends parfois à m'insulter mentalement.

– Comment êtes-vous avec vos amies quand elles vont mal ?

– Eh bien, comme toute personne avec ses amies.

– C'est-à-dire ?

– Compréhensive, réconfortante…

– Pourquoi ne faites-vous pas la même chose avec vous-même, Nina ? Parlez-vous comme vous parleriez à votre amie, soyez votre propre amie. Je dirais même, soyez votre MEILLEURE amie ! De plus, s'il y a bien une personne qui va vous accompagner toute votre vie, c'est bien vous, conclut Gabriel sur un ton plus léger, voyant les yeux de Nina se remplir d'eau.

Ces mots sonnaient comme une révélation. Des évidences, et pourtant, elles ne les avaient jamais réalisées. Elle sourit à la dernière phrase de Gabriel en essuyant ses larmes au coin des yeux et, d'un geste totalement spontané, se tourna vers lui et se blottit dans ses bras.

***

Étendue sur le lit, Nina repensait encore aux propos de Gabriel qui se décantaient en elle petit à petit. C'était beaucoup d'information d'un coup, une façon de voir la vie qu'elle n'avait jamais envisagée auparavant.

Elle était encore sous le choc de la révélation de Gabriel lorsqu'il lui avait dit : « Nina, sache aussi que tu n'es et ne seras jamais seule. »

Au début, elle ne comprenait pas trop ce qu'il voulait dire par cette phrase, mais tout s'est éclairci lorsqu'il lui raconta l'expérience qui l'avait mené à cette conclusion.

Il avait 42 ans lorsqu'il eut un grave accident de voiture causant une fracture de la colonne vertébrale. Sur la table d'opération, les médecins pensaient l'avoir perdu en raison d'une hémorragie interne. Pendant ces secondes, il dit avoir vécu l'expérience la plus incroyable et la plus indicible que l'on puisse vivre.

Gabriel disait être sorti de son corps pour se retrouver projeté dans un long tunnel vers une source de lumière. Une fois arrivé dans ce bain de lumière, un « être de lumière » vint à sa rencontre. Celui-ci l'avait accueilli avec un amour fort, pur, absolu, un amour inconditionnel sans égal sur terre. Cette entité lui avait donné l'impression qu'elle savait tout de lui et qu'elle le connaissait depuis très longtemps. Elle l'a ensuite emmené dans un état de conscience où il a revu toute sa vie, seconde après seconde. Durant cette revue de vie, Gabriel disait avoir ressenti toutes les émotions qu'il avait provoquées chez les personnes qu'il avait côtoyées. Il avait ressenti le bien qu'il avait fait et le mal qu'il avait fait aussi. Face à sa vie, Gabriel dit qu'il s'était jugé très sévèrement tandis qu'il ne sentit nul jugement de la part de l'être de lumière. Celui-ci se tenait près de lui avec un amour inconditionnel. Gabriel confia que c'est à partir de ce moment-là qu'il réussit à s'accepter tel qu'il était.

« Ensuite, il m'a emmené dans un autre état de conscience, un état où j'ai eu accès à la connaissance universelle. D'un coup, j'avais toutes les réponses à toutes les questions que je me posais : des questions les plus anodines aux grandes questions existentielles. J'ai eu conscience de la logique qui régit l'humanité. On se rend compte que, finalement, nous sommes tous un, de l'infiniment petit à l'infiniment grand, et que chacun de nous est une partie d'un grand tout. Nous nous incarnons sur terre pour réaliser une mission de vie, et dans ce chemin de vie, notre âme est constamment accompagnée sur des plans invisibles. »

Nina avait déjà entendu parler vaguement de ce phénomène dit d'« expérience de mort imminente », plutôt controversé au sein de la communauté scientifique. Or, c'était la première fois qu'elle rencontrait quelqu'un qui l'avait personnellement vécue. Le récit de Gabriel sonnait de manière tellement sincère et authentique qu'elle ne pouvait s'empêcher d'être émue et de se poser la question : Et si c'était vrai ?

Certes, il faut toujours se garder une part de doute, mais ne faut-il pas parfois mettre le doute de côté ? Ne serions-nous pas limités par nos sens qui ne nous permettent de percevoir que cette dimension terrestre, alors que d'autres dimensions intangibles existeraient aussi ? pensait Nina qui, depuis toujours, avait le sentiment qu'une petite étoile veillait sur elle. Elle ne pouvait donc s'empêcher de se sentir rassurée à l'idée que chacun de nous ait un ange gardien qui l'accompagne.

L'idée selon laquelle c'est en changeant son monde intérieur qu'on modifie sa réalité extérieure l'avait profondément marquée aussi. Une évidence, et pourtant ! Elle se rendit compte à quel point elle rejetait souvent la faute sur les autres, les circonstances, la fatalité, mais rarement sur sa propre attitude. Elle réalisa que cette simple façon de voir les choses la sortait de la position de victime dans laquelle elle s'était emprisonnée, et qu'elle avait le plein pouvoir de créer une nouvelle réalité, SA nouvelle réalité.

Oui, mais concrètement, comment faire ? se demandait Nina sur son lit, les yeux rivés au plafond.

À cet instant, on frappa à sa chambre.

Étonnamment, il n'y avait personne. Simplement une enveloppe blanche au pied de la porte. Cédant à sa curiosité, Nina s'empressa d'ouvrir l'enveloppe et y découvrit une carte contenant une belle note manuscrite :

Chère Nina,
Afin de vous remercier pour votre séjour parmi nous, vous êtes cordialement invitée ce soir à 20 h à la salle VIP pour un souper exclusif avec le directeur de l'Auberge.
Une belle surprise vous y attendra.
Au plaisir de vous accueillir,
La réception

Touchée de tant d'attention, Nina trouvait que cette auberge avait résolument quelque chose d'unique. En prévision de sa soirée VIP, elle prit soin de se préparer : elle prit une douche rafraîchissante, enfila sa robe fleurie, mit une touche de maquillage et de parfum, tout cela sur fond de morceaux de musique d'Astor Piazzolla découverts lors de sa soirée de tango.

Arrivée à 20 h à la porte de la salle VIP, elle découvrit l'inscription suivante gravée sur une plaque dorée :
« Bienvenue à la salle VIP – **V**otre **I**nfini **P**otentiel »
Martine, la serveuse, se tenait debout pour l'accueillir.

– Bonsoir, mademoiselle Nina, ravie de vous voir. Je vous prie de vous installer; monsieur le directeur sera là sous peu.

Alors qu'on lui ouvrait la porte de la salle, Nina découvrit avec étonnement une très petite pièce carrée, si étroite qu'elle pouvait à peine contenir une table pour deux personnes. Elle s'installa à la table couverte d'une nappe blanche, d'une belle vaisselle et d'un joli chandelier. Bien que n'étant pas particulièrement claustrophobe, Nina se sentait tout de même à l'étroit dans cette pièce. Elle commençait à se demander pourquoi elle avait accepté cette invitation à souper du directeur, qu'elle n'avait encore jamais rencontré.

C'est bizarre, pensa Nina.

À cet instant, elle vit entrer un monsieur d'un certain âge tout à fait élégant dans un smoking noir et blanc, que Martine salua avec révérence. Nina n'en revenait pas. Elle reconnut Joseph, le monsieur qu'elle avait croisé en pleine nuit dans la réception en train de faire le ménage.

– Bonsoir, chère Nina, heureux de vous retrouver.

Bouche bée face à cette découverte invraisemblable, Nina réussit tant bien que mal à se lever de sa chaise pour saluer de la main Joseph.

– … Vous ?… Je ne savais pas que…

– Eh oui, c'est bien moi, dit-il en souriant. Lorsqu'on s'est croisés, je ne faisais que passer dans le couloir. Vous avez cru que je m'occupais du ménage, et je n'ai pas voulu vous contredire au beau milieu de la nuit, poursuivit-il en invitant Nina à se rasseoir.

– Vous êtes parti très vite pendant notre conversation. J'avais l'impression que vous vous étiez évaporé.

– J'en suis désolé, j'avais une petite urgence à régler, mais je savais qu'on allait se retrouver pour continuer notre discussion. À propos, comment allez-vous depuis notre dernière rencontre ?

– De mieux en mieux, confia Nina. Cette auberge est un vrai havre de paix. J'ai fait de belles rencontres aussi…

– Ah…

– J'ai rencontré Gabriel, que vous connaissez sûrement. Il m'a dit être un habitué de l'auberge.

– En effet, c'est un ami de longue date.

– Avec lui, j'ai eu la réponse à la question que je voulais vous poser quand vous vous êtes volatilisé l'autre nuit !

– C'est-à-dire ?

– Comment utiliser le carnet que vous m'avez remis. Je l'appelle désormais mon journal de gratitude. J'y inscris chaque jour cinq choses pour lesquelles je suis reconnaissante. J'y inscris aussi les événements de la journée ayant provoqué en moi des émotions négatives que je visualise dans des ballons allant au loin dans le ciel. Ça ne fait que quelques jours, mais ça fait déjà beaucoup de bien, soupira-t-elle, les yeux humides et pleins de reconnaissance.

– Je savais que vous alliez trouver la réponse, Nina. Vous faites bien de pratiquer la gratitude et d'extérioriser vos émotions. Nombreux sont ceux qui essaient de se couper de leurs émotions pour éviter de se laisser envahir par elles, mais qui finissent par exploser comme une cocotte-minute ou qui sont rattrapés par une dépression, un *burnout*. Je vous dirais qu'on devrait même être reconnaissant envers les émotions qu'on qualifie de « négatives ». Au fond, des émotions comme la tristesse ou la colère, c'est le signal que quelque chose ne va pas et qu'il faut prendre action pour revenir à un état de joie et d'équilibre. Une relation toxique, un travail inadéquat pour nos valeurs ou nos priorités de vie, autant de situations qu'on perpétuerait si des émotions comme la tristesse ou la colère ne venaient pas nous avertir que ces situations sont malsaines pour nous et qu'il faut amorcer un changement. Finalement, les émotions, c'est une sorte de GPS de l'âme.

– C'est joli, les émotions comme « GPS de l'âme »...

– À partir du moment où on comprend que les émotions sont des guides qui sont là pour nous alerter quand quelque chose ne va pas et déclencher un passage à l'action pour rétablir la joie dans notre vie, on ne peut plus considérer des émotions comme négatives, n'est-ce pas ?

– C'est vrai, je n'avais jamais vu les choses comme ça auparavant.

– Les émotions sont aussi vos plus puissants alliés pour manifester la vie que vous souhaitez…

– Comment cela ?

– C'est la surprise que je vous réservais ce soir, répondit Joseph avec un grand sourire.

Il tapa dans ses mains et fit un geste à Martine qui se tenait discrètement derrière la porte entrouverte. Tout en légèreté, Martine s'avança vers Joseph et Nina pour leur remettre chacun un menu. Nina ouvrit ce dernier, présenté dans un élégant support matelassé noir, mais au lieu d'y trouver le feuillet présentant les suggestions du soir, elle tomba sur une longue liste où se répétait la mention « Je veux… ». La liste se prolongeait sur un nombre incalculable de pages.

À la vue de ce document, Nina pensa qu'il y avait une erreur. Elle leva les yeux vers Joseph, qui la regardait avec un sourire bienveillant et une légère pointe de malice.

– Avez-vous déjà passé une commande à la vie, Nina ?

– Que voulez-vous dire par là ?

– Avez-vous déjà dressé par écrit la liste de vos souhaits ? Ce que vous souhaitez avoir, faire, être dans la vie ? Dans 6 mois, 1 an, 2 ans, 5 ans, 10 ans, 20 ans, 30 ans ?

— Bien sûr, j'ai déjà formulé des souhaits, mais je ne les ai jamais vraiment énumérés par écrit avec un horizon dans le temps.

— Que diriez-vous de le faire ce soir ? dit Joseph en lui remettant un crayon sorti de nulle part.

— Vraiment ?

— Oui, vraiment !

En prenant le crayon, face à la liste des « je veux... », Nina fut saisie du syndrome de la page blanche. Elle était incapable d'inscrire quoi que ce soit. Pourtant, elle savait que ce n'était pas les idées, les envies, les rêves, qui lui manquaient. Mais voilà, le blanc total ! Elle resta de longues minutes, le crayon à la main, au-dessus de la première ligne, incapable de coucher par écrit le moindre mot.

— C'est correct, Nina. Les idées se bousculent, mais elles vont se clarifier petit à petit. Ne vous censurez pas, ne pensez pas au comment, aux moyens pour y parvenir. Passez la commande, et le reste suivra.

Doucement, Nina commença à déposer ses premiers « je veux… » :

« Je veux trouver l'homme de ma vie », « Je veux fonder une famille ». Au fur et à mesure qu'elle écrivait, la liste s'allongeait, concernant sa liberté financière, le corps de ses rêves, ses envies de voyage, les personnes qui l'inspirent et qu'elle aimerait rencontrer au moins une fois dans sa vie, les projets qui la feraient vibrer, la carrière qu'elle souhaiterait avoir, les talents qu'elle aimerait développer.

Joseph la relança sur un thème important à ses propres yeux, mais où elle était restée relativement vague dans ses *desiderata* :

– Quand vous parlez de rencontrer l'homme de votre vie, comment l'imaginez-vous ? Quelles sont les qualités que vous recherchez en lui ? Quel genre de relation aimeriez-vous avoir ?

Après quelques instants de réflexion, Nina reprit son élan de plus belle en mettant sur papier les caractéristiques de sa relation idéale. Écrivant de manière compulsive, elle en arriva même à oublier la présence de Joseph qui était toujours là, face à elle, à l'observer.

Sentant avoir suffisamment couvert le volet de sa vie personnelle, Nina commença à se poser la question de ses « je veux » par rapport à sa vie professionnelle et, plus largement, à propos de sa mission de vie.

À peine eut-elle cette pensée que Joseph lui répondit :

– C'est une grande question ! On peut passer toute une vie à chercher sa mission sur cette terre, sans forcément y répondre. On peut appeler ça mission de vie, raison de vivre, ce pourquoi on est fait ou ce qui nous fait vibrer.

— Comment la trouver, Joseph ? Depuis plusieurs années, je sens que je m'ennuie dans mon travail, que ça ne me fait pas vibrer. Chaque matin, j'y vais en traînant les pieds. En même temps, avec les années d'expérience que j'ai accumulées, je me sens prise dans le piège de rester dans mon domaine pour garder mon niveau de vie.

— Ma chère Nina, tout d'abord, la mission de vie ne se limite pas au travail, mais va bien au-delà. Nous avons tous une mission commune qui est la croissance. La nature en est un exemple fascinant : regardez les plantes, les animaux, par exemple. Une fleur ne fait pas l'effort de croître, elle n'en demande pas la permission, elle grandit et s'épanouit naturellement. L'être humain semble avoir oublié cette loi naturelle en raison des diktats et des conditionnements sociaux. Guidées par leur cerveau analytique, plusieurs personnes se sont détachées de leur cerveau droit qui les connecte à leur intuition et à leur essence profonde. Trouver sa mission de vie n'est pas chose facile quand on a été conditionné pour entrer dans des moules.

— Comment alors puis-je me sortir de cette situation et trouver ma mission de vie ?

— Trouver votre mission de vie passe par un travail d'introspection. Il y a plusieurs questions que vous pourriez vous poser et qui pourraient vous aider à la découvrir.

– Lesquelles ?

– Tout d'abord, qu'est-ce qui vous rend vraiment heureuse ? La mission de vie est étroitement liée aux activités qui vous donnent de la joie. Quelles activités vous enthousiasment à un point tel que vous ne voyez pas le temps passer ? Quelles activités seriez-vous prête à faire sans être rémunérée en retour ? Si vous deviez faire une seule chose jusqu'à la fin de votre vie, que choisiriez-vous ? Qu'est-ce qui est important pour vous ? Quelles sont vos valeurs clés ? En faisant une activité qui respecte vos valeurs au quotidien, vous augmentez les chances de vous sentir épanouie.

En écoutant parler Joseph, Nina se remémora sa rencontre avec Christine qui avait quitté son métier d'avocate afin de devenir pâtissière et avoir plus de temps pour prendre soin de ses enfants. En opérant ce changement professionnel, elle était dans la joie tout en étant alignée sur ses valeurs importantes : la famille et la qualité de la relation avec ses enfants.

– C'est en effet un très bon exemple, Nina. Avant d'effectuer ce changement de vie, Christine était complètement désorientée. Elle a effectué un grand travail sur elle-même qui l'a menée à être la femme que vous avez rencontrée. Cette rencontre était loin d'être fortuite, vous savez. Il y a de cela plusieurs années, tout comme vous mais dans un autre contexte, elle était assise face à moi en train de faire le même exercice que vous.

Nina resta bouche bée devant cette révélation.

– Posez-vous aussi la question au sujet de vos talents personnels. Christine, par exemple, a découvert qu'elle était douée pour la pâtisserie. Vous, quels sont vos talents ? Pour quoi êtes-vous naturellement douée ? Pensez à vos réussites antérieures et aux compétences que vous avez mobilisées pour y arriver. Allez plus loin en vous demandant ce qui vous rend unique. Votre unicité est directement liée à votre mission sur terre. Vous êtes la seule personne à pouvoir apporter ce que vous apportez, de la manière dont vous le faites. Lorsque vous aurez trouvé cette différence, Nina, cultivez-la ! C'est en vous assumant pleinement que vous pouvez réaliser ce pour quoi vous êtes faite.

Intriguée par toutes ces questions, Nina se mit à les prendre en note de manière à pouvoir y revenir par la suite.

Joseph poursuivit…

– Un autre chemin pour définir votre mission de vie est de fouiller dans votre passé. Vous pourriez y trouver des trésors de réponses. Par exemple, que vouliez-vous devenir lorsque vous étiez enfant ? Quelles activités vous attiraient le plus à l'époque ? Quelles épreuves avez-vous surmontées ? Ces moments que vous avez traversés sont des cadeaux de la vie dont vous êtes sortie grandie et qui vous ont enseigné comment réagir dans des scénarios similaires. Vous pourriez être d'une aide précieuse à des personnes qui traversent le même genre d'épreuve, et ainsi vous inscrire dans une mission de contribution aux autres et au monde. Une autre question qui pourrait vous éclairer : quelle cause vous touche particulièrement et que vous seriez prête à défendre, et quelles personnes voudriez-vous vraiment aider ?

Les pensées se bousculaient dans l'esprit de Nina, mais, paradoxalement, elle sentait que la voie vers la découverte de sa mission de vie s'éclaircissait de plus en plus.

– Vous pourriez aussi vous inspirer des personnes que vous admirez le plus. Qu'incarnent-elles pour vous que vous désireriez avoir également ? Ce que vous aimez chez ces personnes et détestez chez d'autres fait écho à ce qui est déjà en vous par effet miroir. Elles peuvent vous révéler des traits de caractère, des ambitions, des idéaux qui sont en vous et qui pourraient définir votre mission de vie sur terre…

– Le problème, c'est que dans la vraie vie, on ne peut pas toujours faire ce qu'on veut. Disons que j'adore dessiner; c'était d'ailleurs ma passion lorsque j'étais enfant. Revenir au dessin serait inenvisageable financièrement parlant.

– Je comprends, et cette croyance reflète très bien les carcans dans lesquels nous met la société d'aujourd'hui. Cette peur de manquer d'argent brime plusieurs personnes et les détourne de ce qui les rendrait véritablement heureuses.

– J'ai souvent l'impression de manquer d'argent en effet, et ce n'est pas juste une impression. Mes finances sont très limitées et ne me permettent pas de faire tout ce que j'aurais envie de faire. Partir en vacances, par exemple. J'en avais tellement envie, mais c'est tellement cher; mettre de l'argent pour ça aurait été de la folie en ce moment. J'aimerais changer de carrière, mais malheureusement, cela implique un gros sacrifice sur le plan du salaire, et je ne me vois pas faire ça.

– En plus du sentiment de manque, quelles émotions associez-vous à l'argent ?

– D'un côté, je n'aime pas l'argent, car je trouve que ça rend les gens et la société tellement matérialistes et superficiels. L'argent a souvent été un sujet de dispute entre mes parents. Pourtant, je sais que c'est important et que si ça n'achète pas le bonheur, ça y contribue quand même beaucoup. J'ai en quelque sorte une relation « amour-haine » avec l'argent : j'aimerais ne pas en avoir besoin et, en même temps, j'ai peur d'en manquer.

– Dans votre famille, quelles croyances entreteniez-vous par rapport aux gens riches ?

– J'ai grandi dans un environnement où on pensait que la plupart des gens riches avaient bâti leur fortune de manière malhonnête, dans la corruption, le détournement de fonds, etc. On avait aussi des modèles de familles riches, mais complètement disloquées avec des enfants qui avaient perdu le sens des valeurs. C'est sûr qu'on enviait ces gens qui avaient de grosses maisons, de belles voitures, des vêtements à la mode, mais on ne se voyait pas devenir comme eux malgré tout.

— Pourquoi ?

— Parce qu'on pensait que devenir riche devait nécessairement passer par des moyens malhonnêtes.

— Est-il possible que ce soit une excuse ?

— Avec le recul, je dirais oui, c'est possible. Je pense que c'était une façon de nous rassurer et de nous conforter dans notre situation.

— Aujourd'hui, aimeriez-vous avoir plus d'argent ?

— Bien sûr !

— Pourquoi ?

— Pour m'assurer une sécurité financière et pouvoir vivre ma vie pleinement sans avoir peur de manquer d'argent. Pour me sentir plus libre de faire ce que je veux, quand je le veux et où je le veux.

— Chère Nina, la clé pour ne plus avoir peur de manquer d'argent est de cultiver une mentalité d'abondance. L'abondance est partout : regardez la nature, le ciel, la richesse sur le plan des espèces, l'argent qui circule dans le monde. Il suffit de la voir et de la capter. Si vous êtes dans une attitude d'abondance, la peur du manque devient illusoire. La vie est telle que vous croyez qu'elle est. Si vous voyez que la vie est difficile, elle sera difficile. Si vous pensez que les gens riches sont des gens malhonnêtes, alors vous ne verrez que des gens riches malhonnêtes. Si vous croyez qu'il y a des gens riches, honnêtes et heureux, vous verrez des exemples de gens riches, honnêtes et heureux. Vous ne pouvez attirer que ce que vous êtes capable de voir. Rappelez-vous aussi que l'énergie va là où vous portez votre attention. Portez-vous votre attention sur le manque ou sur l'abondance ? Autrement dit, êtes-vous capable de voir ce que vous avez déjà, plutôt que ce que vous n'avez pas ? Lorsque vous dites que vous avez besoin d'argent, vous êtes orientée vers le manque. Lorsque vous dites que vous n'avez pas d'amoureux ni d'enfants, vous êtes orientée vers le manque. Chaque fois que vous vous positionnez dans le manque, vous émettez des vibrations qui vont attirer des événements et des personnes qui ne feront que renforcer ce sentiment de manque.

— Comment faire, alors, pour sortir de ce sentiment ?

— Tout d'abord, soyez reconnaissante pour tout ce que vous avez déjà, soyez dans la gratitude. Vous avez commencé à le faire, et c'est très bien. Quand vous êtes dans la gratitude, vous ne pouvez ressentir au même moment des émotions négatives. Remerciez pour ce que vous avez déjà, mais ayez aussi de la gratitude pour ce que vous voulez avoir, comme si c'était déjà là. Ainsi, vous basculerez complètement d'une mentalité de manque à une mentalité d'abondance.

– Mais alors, une fois qu'on est dans ce sentiment de gratitude, comment est-ce possible d'avoir plus d'argent ? J'ai parfois l'impression de m'autosaboter. Je suis vraiment nulle en négociation et j'ai du mal à demander un salaire plus élevé, à avoir plus d'avantages, etc. Et quand on m'en donne, j'ai l'impression parfois de ne pas le mériter.

– Je comprends. Vous avez beau le vouloir et avoir des désirs, votre subconscient est cadenassé par des croyances limitantes qui font que vous n'êtes pas prête à recevoir ce que vous souhaitez. Plusieurs personnes sont comme vous et laissent passer des occasions parce qu'elles ne sont pas prêtes à les saisir, consciemment ou pas. Vos résultats financiers sont les conséquences de vos pensées, de vos émotions et de vos comportements. Si vous voulez générer plus d'argent, Nina, il faudra vous libérer de vos prisons mentales et reprogrammer votre subconscient pour le succès et l'abondance. Une méthode qui a fait ses preuves est d'émettre, chaque matin au réveil et chaque soir avant de s'endormir, une intention pour attirer plus d'abondance dans votre vie. Ainsi, vous suggérez à votre subconscient d'accueillir toutes les occasions qui vous aideront à être davantage dans l'abondance. Cette méthode vous permet de déjouer votre cerveau et de créer de nouveaux chemins neuronaux qui seront alignés sur vos besoins et vos désirs.

– Très intéressant…

– Au-delà de cette reprogrammation, il est un autre aspect fondamental pour générer plus d'argent et d'abondance : croire en votre potentiel, Nina. L'univers récompense en fonction de la valeur que l'on s'attribue. La différence entre vous et quelqu'un qui gagne plus d'argent que vous, c'est le degré de valeur que vous vous portez. Travaillez sur votre estime de soi, investissez en vous, soyez en mode croissance pour développer votre valeur et accroître votre revenu. Vous savez, les gens qui réussissent sont mus par trois facteurs essentiels : un désir ardent, la persévérance et la foi absolue. Ayez foi en vous, Nina.

– C'est ce que m'a inspiré Christine lorsqu'elle m'a raconté son histoire…

– Elle était alignée sur ses valeurs, elle avait le désir ardent de vivre de sa passion et de consacrer plus de temps à sa famille, elle a pris le risque de laisser une carrière au revenu très confortable pour lancer sa première pâtisserie et, à force de persévérance, elle a assuré le succès de son entreprise.

À ce moment-là, une phrase qu'avait prononcée Christine résonna fort en Nina : « À 40 ans, j'ai décidé de faire ce que j'aimais pour ne plus avoir à travailler un seul jour de ma vie. »

Joseph saisit le crayon et une feuille, et commença à tracer un dessin.

– Pour revenir à la raison d'être, voici une méthode pratique pour vous aider à résoudre l'équation entre passion et abondance financière. C'est une méthode ancestrale que m'a transmise un moine il y a de cela bien des années, et qui s'appelle la méthode Ikigai. Cela signifie « raison d'être » en japonais.

Joseph termina son dessin en quelques secondes et le tourna vers Nina avant de poursuivre son explication.

– Votre *ikigai,* ou raison d'être, se trouve au croisement de ces quatre cercles : ce que vous aimez, ce pour quoi vous êtes douée, ce dont le monde a besoin et ce pour quoi vous pourriez être rémunérée.

Au fur et à mesure que Joseph expliquait, Nina remplissait le schéma en inscrivant, tant bien que mal, des réponses aux quatre questions. Progressivement, plusieurs possibilités de reconversion montèrent à la surface. À l'invitation de Joseph, elle enchaîna en complétant la liste de ses « je veux... », laissant libre cours à ses envies et à son intuition. Joseph se tut pour ne pas interrompre le flot de ses pensées.

Plusieurs pages noircies plus tard, Nina reposa enfin le crayon. À cet instant, Joseph tapa deux fois dans les mains, et soudain, tous les murs de la pièce se transformèrent en écrans géants, projetant l'illusion d'immenses portes vitrées donnant sur une plage de mer turquoise et de sable fin. L'image était tellement réaliste que Nina avait l'impression d'être dans un cube de verre en plein milieu d'une plage paradisiaque. Elle leva les yeux vers ce qu'était le plafond de la pièce pour admirer un ciel bleu ensoleillé. Elle baissa les yeux vers le sol et eut l'illusion d'avoir les pieds sur du sable blanc. La petite pièce étroite s'était transformée en une immensité virtuelle, presque réelle.

Alors que Nina était encore sous le choc de cette vision inattendue, Joseph tapa à nouveau deux fois dans les mains, et le paysage idyllique céda la place à des scènes de vie grandeur nature qui se succédaient : Nina à Santorini, au coucher de soleil, enlaçant un homme qu'elle ne pouvait voir que de dos. Dans une autre scène, elle était en robe de mariée, heureuse et épanouie. Une autre image la montrait enceinte, avec un enfant de 2 ans dans les bras de son homme. Puis, une autre où elle était à Positano en famille avec ses parents, tous attablés dans un beau petit restaurant rustique où ils dégustaient de bons plats italiens. Plusieurs autres scènes se succédèrent, la montrant épanouie dans sa carrière et heureuse de faire une différence positive dans la vie de plusieurs personnes.

Littéralement, Nina voyait défiler en images les souhaits qu'elle venait de coucher sur le papier. Cette vision de sa vie de rêve mise en scène de manière spectaculaire la laissa sans voix. Le rendu était tellement réaliste qu'elle s'y voyait déjà. Pour la première fois de sa vie, sa vision d'avenir était claire.

– Tout ce que vous voyez est possible. Il ne tient qu'à vous de le manifester, dit Joseph à mesure que les images défilaient tout autour de Nina.

Joseph tapant des mains, les images commencèrent à s'effacer les unes après les autres, et les écrans redevinrent de simples murs, les plongeant à nouveau dans un espace confiné.

Les gens ont tendance à vivre dans des prisons mentales, étroites comme cette pièce où nous sommes installés. En réalité, ils sont les seuls à se poser des limites alors qu'ils ont un potentiel infini. Mais comme on dit, aucun vent n'est favorable à celui qui ne sait où il veut aller. C'est pourquoi il est primordial de définir clairement ce qu'on veut. On dit que ce qui se conçoit bien s'énonce clairement, n'est-ce pas ? Je dirais l'inverse : dans la vie, ce qui s'énonce clairement se conçoit bien ! Dites-moi, quelles émotions avez-vous ressenties en voyant ces images défiler devant vous, Nina ?

– De la joie, bien sûr !

– Quoi d'autre ?

– De l'excitation, de l'espoir. Ça avait l'air tellement réel, c'est fou ! J'avais l'impression d'y être.

– L'exercice que vous venez de faire est l'un des plus puissants pour manifester la vie de vos rêves. Il s'agit non seulement de définir vos objectifs de manière claire et de les visualiser, mais surtout de les ressentir émotionnellement comme s'ils étaient déjà devenus réalité ! En faisant cela, votre cerveau devient une tête chercheuse de toutes les occasions qui peuvent vous aider à atteindre vos objectifs. Votre aimant intérieur commence à se transformer pour attirer les choses que vous souhaitez manifester dans votre vie.

– J'aime beaucoup l'image de l'aimant intérieur…

– Oui, Nina, nous avons tous un aimant intérieur qui attire à nous consciemment ou pas notre réalité. Il y a plusieurs façons de transformer de manière puissante cet aimant intérieur.

– Lesquelles ?

– Vous en saurez plus demain, répondit Joseph en claquant des doigts.

Au même instant, Nina tomba dans un sommeil profond.

Jour 6 - Élever sa vibration

En se réveillant sur son lit tout habillée, Nina avait l'impression que la rencontre avec Joseph, et tout ce qu'elle avait vécu, n'était qu'un rêve. En se tournant de côté, elle découvrit sur la table de chevet un document ressemblant au menu que Martine lui avait remis. Intriguée de retrouver cet objet devenu familier qui semblait sortir des tréfonds de ses rêves, elle tendit vite le bras pour le saisir, curieuse de voir si elle retrouverait la liste de ses « je veux ».

Pas de liste, pas de « je veux », mais plutôt des images assemblées les unes aux autres, représentant les scènes qu'elle avait visualisées. Elles étaient toutes là, lui rappelant les objectifs et les rêves de vie qu'elle avait exprimés. L'expérience qu'elle avait vécue la veille n'était donc pas une illusion. Elle en avait désormais la preuve.

Au-dessus de son téléphone posé sur la table de chevet, elle remarqua une carte où il était inscrit en lettres moulues : *Chère Nina, vous avez un nouveau fichier audio. Nous vous souhaitons une bonne écoute.*

À peine remise de sa surprise, elle alla consulter la liste de ses fichiers audio sur son iPhone. Au premier clic, elle tomba directement sur un fichier sans nom.

Chère Nina,
J'espère que vous avez passé une bonne nuit. C'est votre avant-dernière journée parmi nous. Vous avez parcouru du chemin pour vous réconcilier avec votre passé et visualiser votre futur, mais vous vous demandez sûrement comment faire à présent pour transformer votre aimant intérieur.

Pas de doute, c'est bien la voix de Joseph, réalisa Nina. Elle n'en revenait pas de cette succession d'événements à la frontière du réel. En même temps, en son for intérieur, ce qui comptait finalement, c'était la bienveillance de Joseph et la puissance de ses propos. Elle avait hâte d'écouter la suite de ce nouveau message.

Vous ne le réalisez peut-être pas encore totalement, mais lors de votre séjour dans notre auberge, vous avez déjà eu accès à quelques-unes des clés pour vous aider à transformer votre aimant intérieur et à attirer ce que vous souhaitez dans la vie. Mais avant d'en venir à cela, j'aimerais vous parler de quelques principes qui vous éclaireront sur ce qui va suivre.

Comme vous le savez désormais, tout est énergie. Cet oreiller qui repose sur votre lit, les murs de votre chambre, même ce téléphone que vous utilisez en ce moment. Ils semblent solides, et pourtant, ils se composent réellement de milliards de particules d'énergie en pleine effervescence. L'énergie de l'univers vibre de façon continue et ne cesse de se transformer pour revêtir plusieurs formes.

Chacun de nous a une aura, un champ énergétique unique qui vibre selon sa propre fréquence vibratoire, et vous, Nina, vous ne faites pas exception. Vous faites partie d'un énorme écosystème énergétique sur terre et au-delà. Vous êtes une tour d'énergie qui transmet sans cesse des pensées et des émotions dans l'univers.

Savez-vous, Nina, que l'aura est formée de sept couches appelées corps énergétiques qui s'interpénètrent avec des degrés de densité différents et des vibrations différentes. Le premier corps est le plus connu, c'est le corps physique. C'est celui qui est palpable et visible. C'est aussi le véhicule de l'âme pour expérimenter la vie terrestre.

Ensuite vient le corps éthérique, qui est le plus dense des corps subtils. Il vibre à une fréquence très proche de celle de la matière physique. Il est destiné à l'absorption de l'énergie vitale qui circule dans l'univers et au maintien de la santé. Il protège des agressions extérieures. Il sert d'intermédiaire entre l'enveloppe matérielle et le troisième corps qui est le corps astral. Celui-ci, appelé aussi corps émotionnel, est le siège des émotions et des interactions énergétiques entre les individus. Son taux vibratoire est nettement plus élevé que celui du corps éthérique. Il a la propriété de modifier sa forme en fonction des ressentis : il va s'élargir s'il y a sympathie ou amour avec une personne, ou au contraire se rétracter s'il y a sentiment de crainte ou d'hostilité.

Après le corps astral se trouve une énergie beaucoup plus fine; il s'agit du corps mental, qui est le siège du raisonnement. Ce plan est véritablement le reflet profond de votre personnalité. Animé par les pensées, le taux vibratoire du corps mental dépend beaucoup de la qualité de ces pensées. Il peut être le siège de la création de formes-pensées que l'esprit est capable de concrétiser. Lorsque les formes-pensées sont le résultat de peurs ou de craintes, elles ont des taux vibratoires très bas. Lorsqu'il s'agit de formes-pensée animées de paix et d'amour, elles vibrent à des degrés très élevés.

Le cinquième corps ― et donc le quatrième corps énergétique ― est le corps causal. Il correspond à cette part divine et immortelle qui est en chacun de nous. C'est dans ce corps qu'est emmagasinée la mémoire de toutes vos vies antérieures, de vos expériences passées et des acquis dans votre vie actuelle. C'est le corps qui recèle aussi la cause de votre réincarnation actuelle, les buts et les missions que vous vous êtes fixés pour cette vie.

Ensuite vient le corps bouddhique. Ce corps plus subtil comprend le moi supérieur, la partie divine de notre être, la plus haute conscience personnelle, l'intuition, la vision intérieure, la sagesse. Il permet d'entrer en communication avec vos guides spirituels et vos anges. C'est par lui qu'il est possible de communiquer avec la source divine.

Et enfin, il y a le corps atmique, le corps qui contient votre étincelle divine. Il est l'expression qui indique que nous ne sommes pas seulement humains parce que nous sommes incarnés dans une enveloppe corporelle physique, mais que nous sommes aussi des êtres divins.

En prenant conscience de vos corps énergétiques, Nina, vous prenez conscience de l'importance d'entretenir ces différents corps pour élever votre taux vibratoire et attirer ce que vous souhaitez. Lorsque vous êtes sur une fréquence vibratoire, vous attirez, comme un aimant, tout ce qui vibre à cette même fréquence énergétique. C'est le principe de résonance. Votre fréquence vibratoire attire vos expériences et affecte votre réalité.

Dans l'échelle des vibrations, les pensées et les émotions de haine, de peur, de colère et d'envie vibrent à une fréquence basse, tandis que les pensées de joie, d'amour et de gratitude vibrent à des degrés très élevés. Lorsque vous élevez votre fréquence vibratoire, vous ouvrez progressivement les vannes de l'amour et de l'abondance dans votre vie.

Tout cela pour dire, Nina, que vous êtes **responsable** de la façon dont vous choisissez d'expérimenter votre vie et d'évoluer dans ce monde. J'insiste sur le mot « responsable », car c'est le fondement de la transformation que vous souhaitez entreprendre. Si vous voulez que votre vie change, VOUS devez changer. Si vous souhaitez changer votre futur, c'est aujourd'hui que vous devez prendre en charge votre vie et votre degré d'énergie en transformant vos croyances, vos comportements.

N'espérez pas une vie plus facile, plus simple, sans tracas. Espérez plutôt d'être plus forte, mieux préparée pour faire face aux futures difficultés que vous réserve la vie.

Avant de poursuivre, je vous suggère, Nina, d'affirmer dès maintenant votre décision de prendre la responsabilité totale de votre vie. Visualisez de nouveau les rêves que vous avez fait émerger hier et affirmez à haute voix votre engagement : « Désormais, je suis à 100 % responsable de ma vie et de mes choix. »

Émue par ces mots qui faisaient écho à la position de victime dans laquelle elle s'était placée inconsciemment, surtout après la rupture avec Paul, Nina mit sur pause l'enregistrement pour prendre son album de visualisation, puis répéta : « Désormais, je suis à 100 % responsable de ma vie et de mes choix. Désormais, je suis à 100 % responsable de ma vie et de mes choix. Désormais, je suis à 100 % responsable de ma vie et de mes choix. »

La question qui se pose à ce stade, évidemment, est comment faire pour élever votre fréquence vibratoire ? À cet égard, je vais vous partager sept clés qui m'ont été transmises par des maîtres de sagesse il y a plusieurs années. Des clés qui ont fait leurs preuves, mais à condition de les utiliser au quotidien au point d'en faire une philosophie de vie.

La première clé : *Aimez-vous inconditionnellement*

L'énergie d'amour est fondamentale pour élever votre degré de vibration. Il ne s'agit pas seulement de l'amour que vous donnez aux autres, mais aussi de celui que vous vous donnez à vous-même. Parfois, cela peut être difficile lorsqu'on se culpabilise par rapport à des erreurs qu'on a commises ou à des occasions manquées dans le passé. Les erreurs sont des occasions d'apprendre et de grandir. Ce sont vos leçons de vie qui vous aident à accélérer votre évolution.

N'oubliez pas que chaque jour est une nouvelle occasion pour vous de changer de vie, de changer vos modèles de croyance, d'élever votre énergie vibratoire. Grâce à la répétition, l'amour, la gentillesse, la compassion et le pardon vous permettent de guérir de l'intérieur et de vous aimer à nouveau. Soyez votre meilleure amie, quelles que soient les circonstances, surtout quand elles sont difficiles. Comme toute personne sur cette terre, vous êtes unique et un miracle de la vie, et comme toute personne sur cette terre, vous méritez vous aussi l'amour, le succès et l'abondance.

La deuxième clé : *Portez votre attention vers ce qui élève votre niveau d'énergie*

Vous êtes un être d'énergie vibrante. C'est pourquoi vous devez diriger cette énergie là où vous souhaitez aller, pas vers ce que vous souhaitez éviter. Vos pensées, vos émotions, vos mots doivent être orientés en termes positifs vers ce que vous voulez voir se manifester dans votre vie. Si vous entretenez constamment des pensées de peur, de colère, de tristesse, vous créez une énergie vibratoire basse qui se manifeste par des expériences désagréables et vous attirez des personnes qui vibrent à la même fréquence que vous. En revanche, si votre force énergétique se dirige vers les aspects agréables de votre vie, vous évoluez sur des plans vibratoires élevés et manifestez des expériences encore plus agréables. Vous êtes puissante et, lorsque vous réaliserez le pouvoir de vos sentiments, de vos émotions, de vos pensées et de vos mots, vous évoluerez de façon exponentielle et vous alignerez naturellement vers la vie de vos rêves.

En écoutant ces mots, Nina ne put s'empêcher de penser à Gabriel. Curieuse de voir s'il était à son endroit habituel, Nina s'élança de son lit en direction du balcon. Pas de Gabriel à l'horizon, mais son fauteuil et sa bouteille d'eau étaient bien là, fidèles au poste. *Il doit sûrement être dans les parages, alors,* pensa-t-elle. Elle avait très envie de partager avec lui son expérience incroyable et de lui faire écouter son message. Alors, elle troqua sa robe pour un tee-shirt et une paire de jeans plus confortables, prit son téléphone, ses écouteurs, une pêche du minibar en guise de petit déjeuner, et descendit vers le lac. Elle s'installa momentanément sur le fauteuil de Gabriel dans l'espoir de son retour rapide, et reprit l'écoute du message.

La troisième clé : *Apprenez à donner sans attente*

Lorsque vous donnez quelque chose à quelqu'un ou rendez un service sans rien attendre en retour, vous activez de manière puissante la vibration d'abondance dans votre vie. Il ne s'agit pas ici de donner sans compter tout ce que vous avez. L'idée est simplement de se déconditionner des croyances limitantes disant que « vous n'avez pas assez d'argent ou de temps à donner ». Vous avez toujours quelque chose à donner, même le moindre petit geste de réconfort. L'univers aime l'équilibre et il récompense d'une façon ou d'une autre ceux qui donnent.

La quatrième clé : *Adoptez un mode de vie sain pour transformer la biochimie de votre corps*

Comme toute autre chose, les aliments ont aussi leur énergie, leur vibration. Ils contiennent la vie sous forme d'ondes vibratoires qui interfèrent avec nos propres vibrations.

Certains aliments ont une fréquence très basse et nuisent donc à notre santé, comme les aliments transformés contenant des agents conservateurs, la viande et les produits animaux issus d'animaux maltraités. Alors que d'autres aliments sont à haute teneur en énergie comme les fruits et les légumes, les céréales non transformées et biologiques. Je ne suis pas en train de vous encourager à suivre tel ou tel régime alimentaire, mais seulement de vous inviter à prendre conscience davantage de vos choix alimentaires et de leur effet sur votre niveau énergétique. Prenez aussi le temps de prendre l'air, d'aller dans la nature et de respirer pleinement. Mettez-vous le plus souvent dans des états émotionnels élevés en riant, en dansant. Tout ce qui contribue à votre bien-être fait monter votre taux vibratoire naturellement.

Aussi, soignez votre environnement de vie en faisant circuler l'air régulièrement et en nettoyant les énergies. Les pierres ont un grand pouvoir pour aider à nettoyer les énergies et à rétablir l'équilibre. Chaque pierre possède une vibration qui lui est propre et qui nous pénètre de son énergie en activant nos portes énergétiques. Une pierre au creux de votre paume ou portée en bijou enclenche un processus de résonance vibratoire, qui stimulera les minéraux organiques, palliant ainsi d'éventuels dysfonctionnements. Selon sa composition, sa couleur, chaque pierre dispose de vertus spécifiques susceptibles d'aider une partie de notre organisme à retrouver son équilibre fonctionnel. Le quartz rose, par exemple, amplifie la vibration du cœur et diffuse ainsi sa douceur dans l'organisme et dans les relations avec autrui. Déposez des pierres de quartz rose dans votre maison; elles absorberont alors en douceur les énergies négatives et diffuseront des vibrations bienfaisantes propices à attirer l'énergie d'amour dans votre espace de vie.

La cinquième clé : *Entourez-vous de personnes inspirantes*

Souvenez-vous, Nina : vous êtes la moyenne des cinq personnes que vous fréquentez le plus. Si vous côtoyez cinq personnes confiantes, vous serez la sixième. Si vous côtoyez cinq personnes joyeuses, vous serez la sixième. Si vous fréquentez cinq personnes tristes, vous serez la sixième. C'est inévitable. C'est inévitable, car votre vibration augmente ou baisse selon la fréquence d'énergie la plus forte qui est à proximité. Si la fréquence d'une personne que vous côtoyez est supérieure à la vôtre, votre fréquence vibratoire augmentera. Si elle est plus basse, votre fréquence vibratoire diminuera. Ainsi, chaque personne qui fait partie de votre environnement a le potentiel de tirer vos vibrations vers le haut ou vers le bas. Comme vous le savez, Nina, vous avez le choix de décider qui vous fréquentez le plus. C'est la raison pour laquelle je vous suggère de vous entourer de personnes qui vous inspirent ou, tout du moins, de gens qui sont sur le même chemin d'évolution que vous.

La sixième clé : *Conservez un journal quotidien de gratitude*

C'est l'un des exercices les plus importants, car il peut transformer la façon dont vous voyez votre vie pour toujours. Lorsque vous citez quotidiennement les éléments pour lesquels vous êtes reconnaissante, vous orientez votre attention, vos pensées, vos émotions vers ce qui est déjà abondant dans votre vie et faites ainsi passer votre fréquence vibratoire à un état supérieur. Comme vous avez déjà commencé à le faire, je vous invite à tenir un journal où vous énumérez quotidiennement au moins cinq choses pour lesquelles vous êtes reconnaissante dans la journée.

Dans les moments difficiles, l'exercice sera peut-être plus ardu. Mais soyez certaine que, même en ces temps-là, vous trouverez toujours des choses que vous appréciez et pour lesquelles vous éprouvez de la gratitude. Tout ce que vous aurez à faire est de prendre du recul pour apprécier la beauté qui est présente tout autour de vous.

La septième clé : *Méditez quotidiennement*

Méditer est une pratique puissante et rapide pour élever votre niveau vibratoire. C'est un moment où vous calmez votre esprit en fermant les yeux et en respirant profondément. Vous l'avez expérimentée parmi nous lors des derniers jours, mais pour en ressentir les bienfaits, il ne suffit pas de le faire de temps en temps. Même si vous n'avez qu'une minute, prenez le temps de le faire. Peu importe comment vous le faites ou combien de temps vous le faites, tout ce qui compte, c'est de faire de la méditation une pratique quotidienne.

La méditation exerce de très nombreux bienfaits sur tous les corps énergétiques. Elle améliore la pression sanguine, réduit l'anxiété, diminue la tension musculaire et améliore le système immunitaire. En calmant votre esprit, elle vous aide à vous connecter à votre conscience supérieure et à accéder aux réponses à vos questions. Elle aide à rester calme et à être moins réactif par rapport à des situations difficiles. Elle équilibre le côté gauche de votre cerveau, siège de la logique et de la raison, et le côté droit, siège de la créativité, de l'intuition. Mettre les deux côtés du cerveau en harmonie permet d'équilibrer également les corps énergétiques.

Voici donc les sept principales clés de transformation de l'aimant intérieur. Comme point de départ, Nina, et comme vous avez déjà commencé à le faire, je vous suggère de méditer et de garder une liste de gratitude tous les jours. Lorsque vous ressentirez les effets positifs de ces amplificateurs de fréquence de vibration, vous pourrez passer aux autres clés de transformation.

Sur ces mots, l'enregistrement s'arrêta.

Plongée dans l'écoute du message et dans l'absorption de ce flot d'informations, Nina avait la sensation d'avoir perdu la notion du temps et de l'espace. Elle avait l'impression d'être transportée dans une autre dimension, une dimension de connaissance où les clés de sa transformation étaient claires et où elle se sentait en plein pouvoir de changer sa vie pour le mieux. Alors qu'elle émergeait doucement de ce moment hors du temps, elle entendit des bruits de pas derrière elle. Persuadée qu'il s'agissait de Gabriel, Nina se leva avec enthousiasme pour l'accueillir.

– Bonjour Nina ! Je vous ai cherchée partout.

– Oh bonjour ! s'exclama Nina en découvrant Isabelle, la réceptionniste.

– Je souhaitais simplement vous aviser que ce soir, nous prévoyons une soirée spéciale tango sous le thème de l'amour. Tous les clients de l'auberge sont invités à y participer. Comme Cristina m'a dit que vous aviez participé à quelques ateliers, je souhaitais vous proposer de rejoindre la troupe qui fera une courte représentation ce soir.

Surprise de cette invitation, Nina ne savait quoi répondre, craignant de ne pas être à la hauteur.

– Ne vous en faites pas ! Cristina trouve que vous vous débrouillez très bien, enchaîna Isabelle avec un sourire complice. De plus, c'est votre dernière soirée parmi nous; venez la célébrer en beauté !

– C'est d'accord ! répliqua Nina avec excitation suite à cette proposition, prête à danser… avec la vie.

Jour 7 - Nouveau départ

Après une soirée animée en musique, en danse et en rires, Nina se réveilla en ce dernier jour de son séjour à l'auberge le cœur léger. En levant les yeux au plafond, l'inscription gravée « Where attention goes, energy flows » prenait désormais tout son sens. Elle saisit son journal pour y coucher par écrit toute la gratitude qu'elle ressentait à l'égard de ce séjour littéralement magique. En énumérant tous les éléments pour lesquels elle était reconnaissante, des larmes coulèrent sur la feuille de son journal. Mais cette fois, ce n'était pas des larmes de tristesse ou de colère, mais des larmes de délivrance, de joie et de paix retrouvée. Elle avait non seulement guéri les blessures de sa rupture, mais avait aussi trouvé un sens à la vie et aux épreuves que celle-ci peut mettre sur notre chemin. Surtout, elle avait compris que pour changer sa vie, il fallait qu'elle prenne la pleine responsabilité de ses choix et change son monde intérieur.

En préparant sa valise, Nina ne pouvait s'empêcher de penser à tous les changements qu'elle devait opérer dans sa vie à son retour à Montréal. Changer ses habitudes, ses fréquentations, ses réflexes de discours intérieurs et extérieurs. Bien que nécessaire, l'épreuve du changement lui faisait peur, car elle allait potentiellement bouleverser beaucoup d'aspects dans sa vie.

— Bonjour Nina ! Déjà la fin de votre séjour parmi nous, dit Isabelle avec un sourire bienveillant.

— Eh oui, déjà…, répondit-elle avec un léger soupir en déposant sa carte sur le comptoir de la réception. Vous direz au revoir de ma part à Joseph et à Gabriel… à Martine aussi, Nathalie et Cristina, qui ont été d'une énorme gentillesse. J'ai fait le tour ce matin pour leur dire au revoir personnellement, mais je n'ai pu en croiser un seul.

— Ça sera fait, Nina, avec grand plaisir ! Attendez, j'ai quelque chose pour vous, dit la réceptionniste en sortant un petit paquet emballé dans un papier beige. Toutefois, j'ai reçu la consigne de vous demander de ne l'ouvrir qu'une fois que vous aurez quitté l'auberge.

Décidément, Nina n'était pas au bout de ses surprises. Elle prit le petit colis qui était joliment scellé d'une cire rouge comme on faisait à l'époque, remercia Isabelle, puis se dirigea vers la sortie avec sa valise lourde, mais le cœur léger et les pensées claires.

Au volant de sa voiture, Nina ne pouvait résister à l'envie de déballer son paquet. Elle découvrit un magnifique collier *mala*, semblable à celui de Gabriel, mais fait de pierres de quartz rose, ainsi qu'une plume blanche, un carnet bleu et une lettre que Nina s'empressa de lire.

Chère Nina,

C'est la fin de votre séjour parmi nous, mais c'est le début d'une nouvelle histoire pour vous. Vous avez toutes les clés en main pour réaliser la vie de vos rêves. Vous l'avez bien compris, le changement commence par vous, et vous avez beaucoup de courage de décider de changer car nombreuses sont les personnes qui sont terrifiées à l'idée du changement. Inconsciemment, elles préfèrent un statu quo douloureux mais connu, plutôt que de bousculer leurs habitudes vers une situation inconnue. Or, bien que l'être humain soit un être d'habitudes, la nature vit au rythme du changement et des cycles de transformation. Rien n'est permanent, hormis le changement. Celui-ci est parfois douloureux; or, il est nécessaire pour qu'une nouvelle réalité voie le jour. C'est ce qu'on appelle la destruction créatrice. Certains des changements que vous allez entreprendre, Nina, pourraient s'avérer très inconfortables. Il peut arriver que, pendant ce processus de transformation, vous soyez tentée de revenir à vos anciennes habitudes. Si c'est le cas, demandez-vous si l'inconfort que vous ressentez est lié au fait que la nouvelle situation ne vous convient pas ou au fait que vous vivez une perte de repères. Dans ce dernier cas, tenez-bon car ce n'est que provisoire. Plus vous ferez preuve de persévérance, plus vous apprivoiserez vos nouvelles habitudes. Telle la chenille dans sa chrysalide, vous traverserez un processus de mutation qui est long et laborieux. Toutefois, ce n'est qu'au prix de ce travail qu'un sublime papillon pourra voir le jour.

Dans votre cheminement, souvenez-vous aussi de la métaphore des 10 degrés. Prenez l'exemple de deux avions qui partent du même point. Il suffit que l'un d'eux amorce un virage de 10 degrés pour qu'en bout de ligne, leurs trajectoires et, par conséquent, leurs destinations soient complètement différentes. Autrement dit, un microchangement aujourd'hui donnera un grand changement dans 10 ans, que ce soit dans votre routine quotidienne, votre hygiène de vie, vos lectures, vos fréquentations, vos pensées. Le plus important est de passer à l'action maintenant et de faire le premier pas vers le changement. Lao Tseu disait : « Un voyage de mille lieues commence toujours par un premier pas. » N'oubliez pas de célébrer vos progrès, y compris les progrès invisibles, les petites victoires. C'est ainsi que votre chimie intérieure associera changement et plaisir, car tout changement n'est durable que s'il est associé à de la joie.

Dernière chose : en voyant des personnes de votre entourage commettre les mêmes « erreurs » que celles commises par vous dans le passé, il est fort probable que vous soyez tentée de leur donner des conseils et de les aider. C'est correct. Toutefois, évitez de prêcher ou d'essayer de calquer vos solutions à vous sur leurs défis à eux. Chacun doit expérimenter et évoluer à son rythme, selon ses croyances, sur son propre chemin de vie. Vous ne pouvez forcer une personne à changer, même pour son bien. Elle seule doit et peut prendre la décision de son changement.

Pour finir, nous vous souhaitons beaucoup de succès dans la réalisation de vos projets de vie. Quels que soient les choix que vous ferez, surtout laissez-vous guider par l'amour et non par la peur, et gardez votre cœur grand ouvert.

Rappelez-vous que dans la vie, comme l'a si bien dit Paul Éluard, « il n'y a pas de hasard, il n'y a que des rendez-vous ». Nous avions bien rendez-vous, chère Nina.

Signé : Joseph, Gabriel, Nathalie, Martine, Cristina

Dans le bas de la page était inscrite, en lettres d'or, la mention suivante : « Cette feuille est faite à partir de lettres d'amour. » À bord de sa voiture, Nina leva ses yeux humides pour regarder une dernière fois l'auberge avant de prendre la route. Elle réalisa qu'elle était sur une route au beau milieu d'un champ vert. L'auberge avait totalement disparu.

Non ce n'était pas une illusion, tout cela était bien réel ! s'exclama intérieurement Nina en tenant la lettre et en regardant le carnet, le *mala* et son journal de gratitude déposés sur le siège du passager. Serrant la lettre contre sa poitrine, elle sentit une vague d'amour et de chaleur traverser tout son être et clama à voix haute : « Merci, merci, merci ! »

Après quelques instants, nécessaires pour se remettre de ses émotions, elle mit le moteur en marche et emprunta le sentier menant vers la route principale du village. Au volant de sa voiture, le cœur battant, mais cette fois-ci de gratitude et d'espoir, Nina alluma la radio pour lui tenir compagnie sur le chemin du retour. Par un drôle de hasard, ou plutôt par une pure magie de la vie, elle tomba sur la chanson *Feeling good* de Nina Simone, qu'elle adorait.

À l'approche du refrain, elle monta le volume de la radio et chanta à l'unisson avec Nina : « ♫ It's a new dawn, it's a new day, it's a new life for me… And I'm feeling gooooooooood. ♫ »

** Fin **

Merci d'avoir visité l'Auberge de Vie.

Si vous avez aimé ce voyage, je vous invite à laisser un
commentaire (sur Amazon).
Je serai très heureuse et touchée de vous lire.

Aussi, pour accéder à du contenu inédit et vous tenir
informé(e) de mes prochaines parutions,
je vous donne rendez-vous sur les réseaux sociaux :
Facebook : *RitaBadraouiauteure*
Instagram : *@ritabadraouiauteure*

En attendant, je vous offre en cadeau un chapitre bonus.
Bonne suite de lecture
et au plaisir de vous retrouver bientôt !

♡♡♡

Bonus !

Le contenu du carnet bleu

$\grave{A}$ la fin de son séjour à l'Auberge, Nina reçut, en guise de cadeau, un carnet bleu où ont été consignés les principaux enseignements qui lui ont été prodigués et qui ont transformé sa perception de la vie. Voulez-vous connaître le contenu de ce carnet ?

————

Chère Nina,
Lors de votre séjour parmi nous, vous avez reçu plusieurs conseils, enseignements, méthodes pour vous aider à transformer votre vie et aller vers la réalisation de vos rêves. Nous avons effectué cette courte compilation, une sorte d'aide-mémoire pour vous, afin de vous accompagner dans votre chemin de transformation.

Tout est parfait

Les événements qui vous arrivent ainsi que les rencontres que vous faites sont loin d'être le fruit du hasard, mais des occasions d'apprentissage pour grandir et évoluer vers votre mission de vie. Notre âme s'incarne sur terre avec le choix de vivre des situations et de rencontrer des personnes avec lesquelles nous avions fixé des rendez-vous sur d'autres plans. Ainsi, chaque fois que vous vivez une épreuve ou croisez une personne qui suscite en vous des émotions désagréables, demandez-vous ce que vous pouvez retenir comme enseignement ou apprentissage. Les épreuves sont des cadeaux mal emballés de la vie, que nous avons choisi d'expérimenter en nous incarnant sur terre. La question à se poser dès lors est la suivante : « Où est le cadeau ? »

Nous venons tous avec des blessures

Dès la naissance, chacun de nous développe au moins deux des cinq blessures suivantes : le rejet, l'abandon, la trahison, l'injustice et l'humiliation. Tant que ces blessures ne sont pas soignées, la vie ne cesse de nous confronter à des situations ou à des événements qui réactivent ces blessures et nous poussent à les surmonter. La première étape est d'identifier ces blessures que vous portez en vous. Portez attention aux comportements qui vous blessent ou vous agacent. Ce qui nous fait réagir chez les autres, que ce soit positivement ou négativement, est l'écho de ce que nous portons en nous. Apprenez aussi à discerner les blessures des personnes qui vous entourent pour mieux les comprendre, au lieu d'être dans le jugement. Lorsque vous aurez identifié vos blessures, acceptez-les. Une fois que vous êtes dans l'acceptation de vos blessures et non dans le déni, le chemin pour vous débarrasser de vos masques et guérir de vos blessures devient plus aisé.

Les émotions sont le GPS de l'âme

Nos émotions désagréables (colère, tristesse…) sont comme les voyants lumineux d'une voiture : d'une part, elles nous aident à détecter là où le bât blesse pour prendre rapidement les mesures nécessaires avant que la machine tombe en panne. Il est donc important d'accepter de ressentir ce genre d'émotions et de ne pas les refouler.

D'autre part, les émotions agréables telles que la joie nous révèlent les activités ou les circonstances qui sont les plus alignées sur nos valeurs et notre mission de vie. Dès que vous n'êtes plus dans la joie lorsque vous faites une activité ou côtoyez une personne, posez-vous la question pour savoir si vous êtes toujours dans le bon chemin vers votre mission de vie.

Pratiquez l'attention, à vous-même, aux autres et à votre environnement

Les émotions désagréables sont souvent liées à la rumination d'événements passés ou à de l'angoisse par rapport au futur. Généralement, lorsqu'on est dans le moment présent, il n'y a pas lieu de ressentir des émotions désagréables. Par ailleurs, celles-ci sont souvent une question de perception : deux personnes exposées à la même situation réagiront de manières différentes, voire opposées, selon la perception qu'elles ont de la situation. Pour prendre du recul par rapport aux émotions désagréables, une des clés est de cultiver l'attention au moment présent. Celle-ci peut se faire en se reconnectant avec ses sens et en ramenant constamment son mental à apprécier chaque détail vécu dans l'instant (prendre conscience de l'odeur du gazon ou du café, apprécier chaque gorgée de son thé, etc.).

Un des exercices les plus puissants pour ramener le mental est la méditation de pleine conscience. Pratiquée au quotidien, la méditation de pleine conscience vous aide à prendre un temps de respiration et à muscler votre cerveau pour être plus attentive à vous-même, à votre environnement et aux autres.

Cultivez la gratitude

En prenant conscience de tout ce que vous avez déjà et en étant reconnaissante pour cela, vous vous mettez automatiquement dans un état émotionnel élevé qui ne laisse aucune place aux émotions de tristesse, de colère ou d'envie. Même dans les moments difficiles, il est toujours possible de trouver des aspects pour lesquels on peut témoigner sa reconnaissance. Plus vous pratiquerez l'exercice de l'attention, plus vous vous rendrez compte de la beauté qui vous entoure et de la chance que vous avez de vivre chaque instant. La gratitude est aussi la clé pour ouvrir les vannes de l'abondance dans votre vie. Plus vous porterez votre attention sur ce que vous avez déjà plutôt que sur ce que vous n'avez pas, plus vous attirerez à vous davantage d'abondance.

Tout est énergie

Tout ce qui existe sur cette terre est composé de quantités de particules énergétiques interagissant entre elles. Tous les éléments tangibles (personnes, objets, végétaux, animaux…) et intangibles (pensées, sons, émotions…) qui vous entourent diffusent une énergie ayant un effet sur vous. Également, de vous émane une énergie qui a une influence sur votre entourage et votre environnement.

Lorsque vous prenez conscience de cela, vous réalisez

l'importance de choisir votre environnement, mais aussi votre attitude et vos pensées. Rappelez-vous que vous êtes la moyenne des cinq personnes que vous côtoyez le plus : si vous fréquentez cinq personnes ayant une mentalité axée sur le manque, il y a de fortes chances pour que vous développiez aussi une mentalité axée sur le manque. À l'inverse, si vous côtoyez cinq personnes avec un degré émotionnel élevé et qui sont axées sur l'abondance, il est fort à parier que vous serez aussi dans le même état d'esprit qu'elles. Aussi, faites attention aux pensées et aux mots que vous employez. Lao Tseu disait : « Surveille tes pensées, car elles deviendront des mots. Surveille tes mots, car ils deviendront des actes. Surveille tes actes, car ils deviendront des habitudes. Surveille tes habitudes, car elles deviendront ton caractère. Surveille ton caractère, car c'est ton destin. »

Déterminez vos croyances limitatives

Notre subconscient est pétri de croyances forgées par notre éducation, nos expériences passées et par ce qu'on observe autour de nous. Certaines croyances aident à nous accomplir, d'autres brident notre potentiel et ont un effet d'autosabotage. La croyance que les gens riches sont des gens malhonnêtes en est une.

Pour vivre votre plein potentiel et réaliser vos rêves, il est donc crucial de déterminer d'abord les croyances limitatives que vous avez entretenues depuis des années, pour ensuite les défaire et les remplacer par des croyances aidantes. Comment les défaire ?

Il existe diverses méthodes, de la programmation neurolinguistique aux différentes techniques d'hypnose. Vous pouvez aussi chercher des exemples inspirants de personnes ayant accompli ce que vous souhaitez accomplir et auxquelles vous pouvez vous identifier. Si elles l'ont fait, vous aussi pouvez le faire.

Déterminez clairement votre vision d'avenir et ressentez-la

Comme disait Sénèque : « Il n'est pas de vent favorable pour celui qui ne sait où il va. Lorsque vous déterminez clairement ce que vous souhaitez accomplir et la vie que vous voudriez mener, vous orientez consciemment et inconsciemment vos actions vers la réalisation de vos objectifs. Votre cerveau devient automatiquement une tête chercheuse des occasions, des rencontres et des situations qui pourraient vous aider dans la réalisation de votre vision. Pour définir votre vision d'avenir, vous devez faire la liste de vos « je veux » et visualiser votre vie en images. Nous vous avons remis une copie en deux dimensions des images que vous avez visualisées. Toutefois, votre vision d'avenir peut évoluer avec le temps, au fil de votre propre évolution.

Nous vous invitons à refaire chaque année un tableau de visualisation en mettant en images les accomplissements que vous souhaitez à court, à moyen et à long terme. De la même manière que la première fois, ne vous limitez pas. Ne pensez pas au « comment » arriver à concrétiser cette vision. Seulement, définissez-la de la manière la plus précise et la plus claire possible.

Une fois définie cette vision d'avenir, ressentez les émotions que vous y associez. Tant que vous ne ressentez pas cette vision, elle restera confinée dans votre mental et n'atteindra pas votre subconscient. Il est donc important de ressentir de tout votre être la joie et le bonheur que vous associez à votre vision pour faire de votre subconscient votre allié de transformation. Ressentez l'émotion comme si tout ce que vous avez visualisé était déjà là.

Cultivez une mentalité d'abondance

Pour manifester votre vision d'avenir, il est fondamental de vous mettre en position d'abondance en portant une attention sur tout ce qui est déjà présent dans votre vie, et en exprimant de la gratitude pour tout cela. En cultivant cette mentalité, vous rayonnerez d'une énergie vibrant à la même fréquence que ce que vous souhaitez attirer. C'est le principe de la loi de la résonance. Vous attirerez les événements et les personnes qui vibrent à la même fréquence que vous, c'est-à-dire celle de l'abondance. Pour développer cette mentalité, voyez l'abondance qui se trouve partout autour de vous, entourez-vous de personnes qui ont cet état d'esprit et évitez d'être dans le jugement. Lorsque vous jugez négativement une personne, vous vous interdisez à vous-même de faire ce pour quoi vous l'avez jugée. Ne vous fixez pas de barrières mentales, et autorisez-vous à recevoir tout ce que vous souhaiteriez avoir.

Passez à l'action et persévérez

Une fois votre vision et vos objectifs clairement définis, vos croyances aidantes établies, la clé ultime de votre transformation réside dans l'action et la persévérance.

Un des moyens d'aligner vos actions sur vos objectifs est de développer des rituels quotidiens. Par exemple, en accordant du temps de méditation quotidiennement, vous renforcez petit à petit votre pouvoir d'attention. En écrivant, chaque matin au réveil et chaque soir avant le coucher, vos gratitudes de la journée, vous créez de nouvelles autoroutes neuronales et élevez votre degré de vibration. En établissant des actions concrètes liées à vos objectifs, vous vous assurez de les atteindre.

Le succès est la répétition de quelques pratiques jour après jour (de la même manière que l'échec est la répétition quotidienne d'habitudes néfastes à la réalisation de vos objectifs). Commencez par introduire les changements dans votre routine quotidienne de manière progressive, et n'oubliez pas de célébrer vos victoires, les petites autant que les grandes.

Ayez foi en vous

Pour persévérer dans votre transformation, il est fondamental d'avoir confiance en vos capacités et en votre potentiel, d'où l'importance de remporter de petites victoires et de les célébrer. Ainsi, vous envoyez un signal positif à votre cerveau, et votre estime de soi s'en trouve renforcée. Dites-vous que, comme toute autre personne, vous êtes unique et méritez l'amour et l'abondance. Vous êtes née avec un potentiel infini. Si d'autres personnes sont arrivées à accomplir leurs rêves, vous aussi pouvez le faire.

Commencez vos journées par des affirmations positives et soyez reconnaissante de toutes les qualités que vous possédez et dont vous faites profiter les gens autour de vous.

Développez une tendresse et un amour inconditionnel envers vous. Souvent, nous sommes plus tolérants et compréhensifs envers nos amis qu'envers nous-mêmes. Rappelez-vous que la personne qui vous accompagnera toute votre vie, c'est vous; alors, autant prendre soin de vous le plus tôt possible.

Apprenez à lâcher prise et ayez confiance en la vie

Autant il est important de définir une vision claire et de mettre en place les stratégies pour y arriver, autant il est essentiel de faire confiance en la vie pour attirer ce qui est important pour vous, ce que vous êtes venue expérimenter sur cette terre. Faites tout ce qui est en votre pouvoir pour atteindre vos objectifs, mais apprenez aussi à lâcher prise quant aux résultats, car vous n'avez pas le contrôle sur tous les facteurs qui conditionnent la réalisation de vos objectifs. Lâcher prise vous évite de tomber dans le piège du stress et des attentes pendant que vous poursuivez vos objectifs, et vous aide à être plutôt dans le bien-être. Le lâcher-prise vous permet aussi de ne pas rester constamment accrochée à votre vision du futur, mais à vous reconnecter au moment présent et à l'apprécier. Définissez clairement et préparez minutieusement votre futur, mais lâchez prise quant aux résultats.

Lâchez prise aussi concernant le besoin de perfection. Ni vous ni personne, Nina, ne serez jamais parfaits. Toute la sagesse est de cultiver le bonheur dans l'imperfection. Acceptez-vous avec vos imperfections et vos vulnérabilités. C'est ce qui vous rend humaine, et surtout ce qui vous rend unique. Entretenez ce qui vous rend unique et lâchez prise à propos du jugement d'autrui.

Vous n'êtes pas seule

Nous croyons et partageons cette croyance avec vous que chacun de nous est accompagné d'êtres invisibles bienveillants qui sont là pour nous, de notre premier à notre dernier souffle, et même au-delà. Anges ou guides spirituels, ils nous aiment d'un amour inconditionnel et sont là pour nous aider à accomplir notre mission de vie. Peu importe où vous allez, un ou plusieurs êtres de lumière vous accompagnent. Chaque fois que vous êtes dans le doute, Nina, que vous avez besoin d'aide, n'hésitez pas à communiquer avec vos anges et vos guides. Aussi, soyez attentive aux messages qu'ils vous envoient. Plusieurs signes qui pourraient vous paraître comme des coïncidences sont en fait des réponses qu'ils vous communiquent pour vous guider.

Voilà, chère Nina,

Cette synthèse n'est que la base de vos apprentissages vers votre nouvelle vie. Cultivez votre désir ardent, votre persévérance et votre foi absolue en vous pour réaliser vos rêves. Continuez d'apprendre car plus vous en saurez, plus vous prendrez conscience de tout ce qu'il y a encore à connaître. Et dans un environnement au changement constant, surtout cultivez la souplesse, tel le roseau qui plie mais ne rompt jamais.

Avec tout notre amour…

***

Remerciements

Merci Benoit, mon chéri, de m'avoir soutenue dans ce projet d'écriture ! Je t'aime au-delà des mots !

À mes parents, merci de m'avoir donné le goût, très tôt, de la lecture et de l'écriture et merci de m'avoir toujours encouragée à poursuivre mes rêves !

Merci Nadia et Amine de m'avoir ouvert les yeux sur certains champs du possible et d'avoir fait émerger l'idée d'écrire cet ouvrage !

Merci Mélanie de m'avoir insufflée l'idée de participer au concours des *Plumes Francophones d'Amazon France* lors de notre première rencontre dans un café à la Place des Arts !

Merci Marco Chioini et Marie Clark pour vos précieux conseils et votre bienveillance lors de la révision de mon premier manuscrit !

À mes mentors d'écriture, Bernard Werber et Marc Fisher, merci de transmettre aussi généreusement votre savoir et d'aider de nouveaux auteurs à éclore à travers vos ateliers d'écriture !

Une gratitude infinie envers tous ceux ayant nourri ma réflexion lors de la préparation de cet ouvrage, que ce soit à travers leurs essais, leurs romans, leurs conférences ou entrevues. La liste est longue, mais je citerais tout particulièrement Lise Bourbeau, Ilios Kotsou, Frédéric Lenoir, Christophe André, Eckhart Tollé et Jim Rohn.

Enfin, merci à la VIE pour toutes les synchronicités ayant permis à cet ouvrage de voir le jour et de trouver ses lecteurs !

De tout mon cœur,

Rita Badraoui

Printed by Amazon Italia Logistica S.r.l.
Torrazza Piemonte (TO), Italy